七木田 敦・山根正夫 編著

発達が気になる子どもの行動が変わる！

保育者のための ABI（活動に根ざした介入）実践事例集

福村出版

乳幼児期の子どもにとって、「あたりまえの生活」こそが心身の発達と学習の深化を約束するものです。
「あたりまえの生活」とは何でしょうか。それは普通の社会や文化の中で、子どもであれば誰しも経験するものなのです。

——ダイアン・ブリッカー
米国オレゴン大学名誉教授
ABI（活動に根ざした介入）理論の開発者

まえがき

日本の読者のみなさまへ

ダイアン・ブリッカー

米国で開発されたActivity-Based Intervention（ABI：活動に根ざした介入）が2011年に日本語に翻訳されてから5年が経ちました。ABIは、障害のある、もしくは発達の気になる乳幼児の指導を行う保育者および乳幼児の発達にかかわる専門家が活用できるように構成されています。このアプローチでは、子どもの家族と同じ目線に立ち、子どもが就学前施設や家庭であたりまえに過ごしている生活の場面とルーチン、そして何より遊びを大切にしたうえで発達目標を達成します。

前著『子どものニーズに応じた保育――活動に根ざした介入』（2011年、二瓶社）のまえがきにて、私はこういった翻訳がなされることについて次のように記しました。

> “活動に根ざした介入”の日本語版は、国や地域を超えつながりのあるグローバル社会の拡大により実現したと言っても過言ではありません。グローバル社会の構築は、世界中で多くのものを共有し、交流することを可能にしています。それらは、さまざまな知見、価値観、ものの見方、アイデアだけでなく、翻訳などの図書においてもいえることです。教育学の分野において、このような概念的交流や著作物の交流は、障害やそのリスクのある乳幼児へのサービスの改善に向けて奮闘している、世界中の人々を支えるために特に大切なことだと思います。

世界中で乳幼児とその家族に向けたサービスの改善が取り組まれています。そういったなかで、他国の知見が収められた出版物を自国のものとして新たに創造し、開発しなおすことは称賛されるべきことです。その結果として、まえがきを再び書く機会が訪れたことを心よりうれしく思っています。本書は、前著『子どものニーズに応じた保育――活動に根ざした介入』の実践編として執筆されました。日本で乳幼児とその家族を支える保育者および専門家の方々に向けて、あらためてABIのコンセプトをお伝えするとともに、具体的に実践に活用するための情報を盛り込んだ内容になっています。

本書は、第1部「理論編」と第2部「失敗から学ぶ事例編」からなっています。第1部では、ABIのコンセプトが示されています。1章では、「日常生活をベースにする必要性」として、子どもの普段のあたりまえの生活がなぜ重要なのかが述べられています。2章と3章では、「ABIの基本」と「指導の要点」として、ABIにおける指導観と枠組み、およびリンクシステムに基づく指導の要点が示されています。そして4章では、「『子ども評価』の考え方と具体的な方法」として、子どもの行動をアセスメントし、評価する方法について言及されています。

第2部では、ABIを適用して行われた多くの実践例が紹介されています。ここでは「事例」として、保育所・幼稚園におけるさまざまなニーズの子どもたちに対して、自由遊び、ルーチン、設定活動の場面別でどのような実践が可能なのかが記されています。

著者一同の願いと同じく、私も本書が日本で障害のある、もしくは発達の気になる乳幼児とその家族の保育に尽力しているすべての方々に届き、指導の改善に活用されることを期待しています。

目次

まえがき　日本の読者のみなさまへ……*4*

第1部　理論編……*9*

1章　日常生活をベースにする必要性……*10*

2章　ABIの基本……*16*

3章　指導の要点……*22*

4章「子ども評価」の考え方と具体的な方法……*31*

第2部　失敗から学ぶ事例編……*39*

事例から学ぶ前に……*40*

事例1　友だちのおもちゃを勝手に取ってしまう子……*46*

事例2　靴の左右がわからない子……*50*

事例3　はさみを使うとぐじゃぐじゃになってしまう子……*54*

事例4　教室を勝手に出て行ってしまう子……*58*

事例5　友だちとの会話がかみ合わない子……*62*

事例6　オムツがはずれない子……*66*

事例7　偏食の多い子……*70*

事例8　衣服の着脱に時間がかかる子……*74*

事例9　並んで順番が待てない子……*78*

事例10　トイレで排泄ができない子……*82*

事例11　いつまでたっても片付けができない子……*86*

事例12　絵本の読み聞かせで反応が少ない子……*90*

事例13　困っていることを伝えるのが苦手な子……*94*

事例14　負けそうになるとパニックになってしまう子……*98*

事例15　ダンスが苦手な子……*102*

事例16　話を最後まで聞くのが苦手な子……*106*

事例17　ルールの理解ができない子……*110*

事例18　椅子にじっと座っていられない子……*114*

事例19　高い所に登ってしまう子……*118*

事例20　「どれがいい?」に答えてくれない子……*122*

事例21　活動の切り替えが難しい子……*126*

事例22　自分勝手な遊びをしてしまう子……*130*

ブリッカー先生に教わったこと……*134*

あとがき……*136*

第1部　理論編

1章
日常生活をベースにする必要性
七木田 敦

1. 事例から見えること――専門性って何だろう?――

筆者は幼稚園・保育所から「発達が気になる子ども」の保育の相談があれば、時間のゆるす限り観察し、その後に保育者と話し合う、ということを続けています。そこでは子どもの発達の状態や家庭での養育、また日常的な保育について、絡まった糸を一本ずつ解きほぐすように話を進めます。

ある幼稚園の話です。自閉症と診断された年長組のＤ君について園長は次のように語りました。「お母さんも彼の障害を受け入れて、積極的に療育センターに相談に行くようになりました。センターの指導員の方も、定期的に幼稚園を訪ねてこられて、指導について助言をしてくれます。専門家の助言なので、とても助かっています。先日、他の幼稚園にも呼びかけて、『自閉症の保育』の研修会も開催しました」

平成20年施行の「幼稚園教育要領」にも、障害のある幼児の教育では、その「関係機関連携」の重要さが述べられています。たしかに幼稚園のなかは、目につくところに、指示や行動の例を示す絵や写真のカードが配されていました。トイレには、「くつをぬぐ」「すりっぱにはきかえる」「くつをそろえる」などなど、絵と言葉で説明した表がドアの横に貼ってあります。また脱いだ靴は、あちこちに散らばらないように、脱ぎ場所もしっかりと提示されています。

さて昼食の時間となりました。準備ができるまで静かに座っていたＤ君、おかずの中に気に入らないものを発見したのか、座っている椅子を「バッタン、バッタン」させ始めました。先生はこの事態に慣れているようで、視線で行為を確認しながらも、Ｄ君の椅子を鳴らす行動を止めさせようとはしません。次第に奇声を発しながら椅子を激しく揺するＤ君。と思ったその瞬間、椅子は大きく後ろへ倒れ、そのＤ君の顔面には野菜サラダが一面に散ってしまいました。運よく後頭部を強打することはなかったようですが、大泣きしています。「ほらやっぱり……。これは大変！」と思ったのは私だけで、幼稚園の先生は誰一人Ｄ君のところに歩み寄る様子はありません。しばらくして保育補助の先生が、「ちゃんと座って食べようね」と驚くほど冷静に告げ、席に着かせました。Ｄ君は、泣き止まずに教室を走って出て行きました。

保育が終了したあとの話し合いで、園長は状況を次のように説明しました。「Ｄ君の『望ましくない行動』は、大人の注意を引きたいという意図があるので、そのような場合には保育者はかかわらない、ということを療育の担当者から指示されました。これはＤ君だけの指導方法ではなく、他の幼児も同じようなことをしたら、同じような対応をします。この園はこのようなインクルーシブ保育が方針です」

望ましくない「問題行動」を「消去」するために「無視」をするというのは、行動理論の説くところです。しかしこの状況で、必要なことは、椅子ごと倒れてしまったＤ君にまずはかけよって、「大丈夫？」と声をかけ、引き上げてやることではないでしょうか。何やら新しい指導法を試みるよりも、それが人として「あたりまえ」の支援であり、障害のある子どもへの専門的な対応を考える以前に、かけがえのない存在として大切に受け止めることが基本となることを忘れてはいないでしょうか。

2. 研究の進展と保育実践との関係はどうなっているでしょうか

特別支援教育の開始をきっかけに、新しい概念や指導法が紹介されてきています。加えて、理解や認知の構造の解明により多くの研究がなされてきました。それをもとに指導法も多様になり、さまざまな成果が報告されています。これまで幼稚園・保育所ではその課題が表面化してこなかった学習障害をはじめ、自閉症スペクトラム障害、あるいはADHDなどのいわゆる多様な発達障害についても、多くの研究が蓄積されることで、対象の幼児の実態把握がより詳細になり、その支援方法もさまざまな指導が報告されています。

たとえば「刺激の構造化」という視点は、実践現場の環境構成にきわめて有効な支援となっています。「こころの理論」も友だち関係やコミュニケーション指導に役立っているようです。近年話題になっている「ワーキングメモリー」や「ビジョントレーニング」など、諸外国の最新の指導法も紹介され、とても賑やかになりました。

さて、実際に研究者がもち出すこのような概念に即して、障害の実態が多様化しているのでしょうか。筆者はそうではないような気がしています。つまり、研究者がそれぞれの観点・関心から、細分化された「障害のイメージ」を作っているのであって、ややもするとそれは幼児の有する特性から、どんどん離れていく可能性はないでしょうか。

3. 事例から見えること――いろいろやってはみるものの――

大学院生Ｍ君は悩んでいました。幼稚園から保育コンサルテーションを依頼されていた年長児の男の子Ｋくんの支援がどうもうまくいかないのです。この幼稚園では、自由な遊びの保育を方針として掲げており、Ｋくんの母親は療育機関から「さまざまな経験をさせる必要」との助言を受け、幼稚園に4歳から入園させました。表出言語がなく、また他児との遊びも少ないＫくんは、入園当初、朝の自由な遊びの時間には絵本の本棚の前に居座り、片っ端から絵本を取り出し、一通りページをめくったあと、またそれらを本棚に入れ直す、という行動を繰り返していました。大学院生Ｍ君は、Ｋちゃんが「人への関心」を抱くこと、そして「人へのかかわり」を広げるような支援の方法を提示することを幼稚園から期待されていました。大学院生Ｍ君が、Ｋくんの興味を引こうといろいろ遊具を用意しても、それを一瞥するだけで、関心を示すことはありません。日頃の遊びの様子を観察し、彼が車に興味があるとふんだ大学院生Ｍ君は、おもちゃの車を手にし、Ｋくんに向かって、「ください」というジェスチャーをするように求めました。両手を合わせて「ください」のポーズをして見せたＫくんでしたが、次の瞬間、Ｍ君の一瞬の喜びを蹴散らすように、手に取った車を眼前で「ポイッ」と放り投げました。

大学院生Ｍ君の相談を受け、筆者は幼稚園のカンファレンスで、保育環境の「構造化」を図ることを提案しました。登園してから、連絡帳にシールを貼り、絵本のコーナーに行って、決まった「クジラ」の絵本を手に取る。この一連の行動スケジュールを、「絵で図示」し、Ｋくんの目の届くところに貼りました。ところがＫくんといえば、これに目もくれることなく、おもちゃの車を手に保育室から飛び出していったのです。「刺激提示の方法」に問題があったのではと考えた大学院生Ｍ君は、ついにＫくんの首にスケジュール票をぶら下げることを思いつきました。しかし、そのスケジュール票がこともあろうにトイレの便器の中で発見されるにいたって、大学院生Ｍ君は頭を抱えてしまいました。

さて、大学院生Ｍ君の失敗の原因は何でしょうか？　そもそもＭ君は失敗していると言えるでしょうか。Ｍ君は、向学心にあふれる学生で、障害のある幼児に関する図書を読破し、用意周到な支援計画を立てたのですが、それをあざ笑うかのようにＫくんは新たな行動で挑戦してくるのでした。いま振り返ると、「ボクは、こうしている『いま』が大切で、あなたの望んだようにはなりません」というＫくんの声が聞こえてきそうです。

思うに、Ｋくんのあたりまえの生活を基盤とした支援になっていなかったことが原因だったような気がしてなりません。

4. 特別な支援の方法とは何でしょうか

近年の学校教育での「特別支援教育」では何が変わったのでしょうか。その一つは、「その他心身に故障のある者で、特殊学級において教育を行うことが適当なもの」が教育の対象となっていたのに加え、「教育上特別の支援を必要とする児童・生徒及び幼児」が加えられました。さらに、学校教育法施行規則で、通常の学級においても特別の教育課程によることができるものに、LDやADHDが追加されました。通常の学級では、「一人ひとりの子どもの特性に配慮した指導」が求められるようになりました。しかし、学校教育ではまるで「黒船来航」と言えるような「障害児教育」から「特別支援教育」への転換は、保育の場では、比較的冷静に受けとめられています。

ある保育園園長の次の言葉が頭に残っています。「特別支援教育ということを小学校はさかんに言いますが、それは保育ではあたりまえのことなんです。保育では、昔から一人ひとりの子どもを大切にすることを基本にしてきました。指導も子どもに合わせ、無理に大人の都合を押しつけるようなことはありません」。たしかに幼児では発達の幅も大きいので、同じ年齢の子どもといえども、画一的な指導法は通用しないのです。たとえば、保育では「子どもに沿う」という言葉があります。これは子どもの目線に立ち、その気持ちに沿って子どもを理解するということを意味し、子どもの〈ある〉べき状態をそのまま〈受けとめる〉という「保育の基本」を表すものとして理解されています。

この「保育の基本」は、保育の世界だけではなく、子ども理解に総じて言えるのではないのかとこの頃感じています。それはどんなに障害が重くても、心を動かされた実践には必ず〈ある〉〈受けとめる〉世界があるものなのです。子どもの存在を認め、子ども理解の基本である〈ある〉〈受けとめる〉世界から見ると、昨今の学校教育は〈する〉〈させる〉世界であることが浮き彫りになります。となると、巷間言われてきたような特別支援教育への大転換とは、実は教育の本質への大回帰なのです。これは、保育の世界にいればこそ見えてきたことでもあります。

このような豊かな歴史を有している保育ですが、義務教育段階での「特別支援教育」的な指導理念が影響を及ぼしていて、幼稚園・保育所からの「気になる子ども」についての相談が少なくありません。近年では保育者が「気になる子ども」が、即「発達障害」と判断されるという傾向が増えつつあります。

繰り返しますが、幼児期では、個々の子どもの発達の幅が大きいために、加齢とともに、あるいは就学、また保護者の変容を機に変化することも少なくないないということはあり、とても大切なことは目先の方法論に左右されることなく、あたりまえの保育をまずは確認することです。

5.「あたりまえ」の保育に戻ること

「配慮が必要な子ども」の支援においては、他機関との連携が求められ、この場合、保育者は障害児の療育の専門家が言うことに説得力を感じ、そのように受け取ってしまうことが少なくありません。自然な子ども集団のなかで普通に行われる「あたりまえ」の保育者の対応は、刺激を統制し、かかわりを系統的に行う専門的な個別指導の前には、ほとんど無力のように見えます。

渡部(2001)は、自閉症の子どもの学習を例に挙げ、状況的学習論の立場から「専門性と保育」について興味深い分析をしています。自閉症の子どもが「踊り」の練習をする場面で、「保育者と1対1で踊りの指導を受ける」指導と「子ども集団のなかにまじって練習をする」指導を比較し、子どもが踊りを覚えるのに効果的なのはどちらの指導かを比較しました。前者のように、1対1で「体の動かし方」「手足の動かし方」を一つひとつスモールステップで系統的に教えることは、障害のある子どもに対する専門的な対応です。ところが、後者のように、子ども集団の一員として「その場にいて楽しい」と子どもが思っている場合、それだけで子どもの学習は生じていたのです。なぜなら、「一緒にいて楽しい」と思えるような人間関係のある子ども集団では、意欲的なコミュニケーションが成立しているからではないかと考えました。

このように、子どもたち各々が「楽しい」「心地よい」という心理状態で結びついた共同体のなかに参加することにより、効果的な学習は成立します。つまり、状況的学習論では、子どもがいる状況に埋め込まれている学習の機会を考慮します。これは、障害のある子どもに対して、専門的対応よりもむしろ、日頃の保育を丁寧に行うといった「あたりまえの」「自然な」方法が求められている証左なのです。

米国では1980年代に入って、応用行動分析を中心とした「子どもの生活を無視した、絵の命名や言語指導のドリル学習のような訓練的なアプローチ」に対する疑問から、「自然主義的で、構造化されていない状況でおこる、あたりまえの支援」が模索されていたのです(Bricker and Cripe, 1992)。

6. 保育こそ日常生活をベースにする必要性がある

この「あたりまえの保育」を実践するため、理論として打ち出されたものに「Activity-Based Intervention：保育活動に根ざした介入」（以下「ABI」）（Bricker and Cripe, 1992; Bricker, Pretti-Frontczak and McComas, 1998）という方法があります。これは通常の幼児教育（Early Childhood Education: ECE）に、最善の幼児特殊教育（Early Childhood Special Education: ECSE）を取り入れた、配慮が必要な幼児にとって発達にふさわしい実践を使用する枠組み」を提供するためのアセスメント、介入、そして評価からなる包括的なアプローチとして米国では知られています。

ABIは、もともと保育が有していた「あたりまえ」の支援方法を基盤に、日常の保育活動のなかに、個々の特別なニーズに適した介入を取り入れていく個別指導アプローチを融合したものです。ABIは、幼児にとって、家庭に次ぐ日常生活の場である幼稚園・保育所などで、言語・コミュニケーションといった一つの領域に特化するものではなく、包括的な発達を目標としている点で、わが国の保育にも近いものと言えるでしょう。

ABIでは、①子どもの主体性を尊重したかかわりを活用すること、②子どもにとって機能的で般化できるスキルを発達させることを目的としたアプローチです。具体的方法としては、③ルーチン活動（日常生活活動：たとえば食事やおむつ替え、衣服の着脱、おやつ、掃除、幼稚園・保育所への登園・降園などの、基本的で日常的な活動）、計画された活動（設定保育活動）、または子どもの自発的な活動（自由遊び活動）といった各種活動形態のなかで、保育者が必要に応じて個別にかかわりながら支援していくということが特徴です（Pretti-Frontczak and Bricker, 2004）。

ABIのような「子ども一人ひとりに配慮した保育」のための包括的な支援によって、ルーチン活動や遊び活動の文脈に含まれる、子どもが自発的で直接行うような活動を促進することは、わが国の保育にとっては、ことさら特殊な技能や専門性を要求されるものではありません。米国でも「あたりまえの保育」が望まれたのは、1980年以降地域療育体制が整備され、より保護者が家庭において日常的な生活の支援にかかわるようになったために、これまで構造化された専門的で訓練的な指導ではたちゆかなくなったことによります。つまり、「あたりまえの」方法への回帰がなされたのでした。

たとえば筆者は、ABI理論から導き出された、次のような3点を指導の要点として挙げます。

(1) 幼稚園教育要領や保育所指導指針とつなげることを考える

課題のある子どもの場合、まずはその「課題」を消去することに力点が置かれ、「課題」を有する幼児そのものが変わることが求められます。たとえば、「部屋を勝手に出て行く」は「部屋を出ないこと」ことが目指されます。そのためには、部屋を出て行こうとする幼児には部屋に戻るように求め、「ダメな行動」として意識させます。しかし、この子どもが、部屋にいたくないという気持ちを考えなくてよいでしょうか。そのためには、子どもの環境を変える必要もあるでしょう。

幼稚園教育要領や保育所保育指針では、環境の構成について、調整と配慮を求めています。課題のある子どもに一方的に変容を強いるのではなく、人的環境を含んだ環境をどのように変えるのか、とても大切なことです。

(2) かかわる人が幼児の発達の確認ができ、それが自信につながるように

子どもが自信をつけるためには、ほめられるときには「みんなの前」で、注意を受けるときには「個人的に」が基本です。これが逆になると（つまり、「個人的に」ほめられ、「みんなの前」で叱られる）、それは往々にして逆効果となるでしょう。課題のある幼児にも発達が期待されていますが、いろいろな状況で失敗する経験が少なくないでしょう。年齢が高くなると、それが自尊感情の形成に影響を与えることもあります。できることを確認し、そのための「場」を見つけ、成功するように導くことも必要です。

(3) 個々のスキルの達成を保障できることを目指そう

子どもはさまざまな発達的な特性をもちます。よく「集中力がなく、保育者の話を聞かない」という困り感を口にする保育者がいますが、集中時間が短いことは、幼児児童期の一般的な特性であって、それを授業時間＝大人の都合に合わせるのは無理なことです。だいたいの集中時間を10～15分程度と理解して、保育を組み立てることが望まれます。そうすることで、集中力が持続しなくて困っている幼児だけではなく、それ以外の幼児も無理なく集団の中にいることができるようになります。幼児のなかには具体物を提示するとよく理解できる子どももいれば、詳しく話す方がよくわかる子どももいます。このように個々の子どものスキルの達成を目指し、「わかっていないからダメな子」「集中力が続かなくて聞いていない子」ではなく、題材を吟味して、どのような方法を組み合わせて、子どもの心に届くように伝えるか、よく考えてみましょう。

関係機関との連携によって得られる情報は、言うまでもなく貴重なものです。ABIでは、それに加え、あくまで保育者は「子どもの専門家」という自信をもって、普段の保育をていねいに見直し、子どもにとって「あたりまえ」の経験とは何かということを考え、それを基本に考えるべきということを教えてくれます。

引用文献

渡部信一（2001）『障害児は「現場」で学ぶ――自閉症児のケースで考える』新曜社.

Bricker, D. and Cripe, J. J. W. (1992) *An Activity-Based Approach to Early Intervention*. Baltimore: Brookes.

Bricker,D., Pretti-Frontczak, K., and McComas, N. (1998) *An Activity-Based Approach to Early Intervention, 2nd Edition*. Baltimore: Brookes.

Pretti-Frontczak, K., and Bricker, D. (2004) *An Activity-Based Approach to Early Intervention, 3rd Edition.* Baltimore：Brookes.（七木田敦・山根正夫（監訳）（2011）『子どものニーズに応じた保育――活動に根ざした介入』二瓶社.）

2章

ABIの基本

松井 剛太

1. ABIが生まれた背景

ABIは子どもの日常生活に学習機会を見出だすことを特徴としています。その背景には、専門機関で行われる専門性の高い訓練が、必ずしも子どもの発達や問題行動の改善に機能するわけではないという苦々しい反省があります。ABIを開発したブリッカーは、実際にそういった訓練を受けてきた子どもたちの発達を評して、こう述べています。

> 「非日常的な環境では、子どもの生活に関連のない学習が大人の主導のもとで行われてしまう。子どもたちは学習に関心を示さず、目標としたスキルを獲得するのに時間がかかり、期待されるほどの効果は表れなかった」(プリティフロンザック・ブリッカー, 2011; p. 7)。

たしかに、専門機関にも善し悪しがあるし、結局は指導する人によって学習の成果はまちまちだと思われるのではないでしょうか。要するに、いくら専門性が高い指導者がいても、最終的には指導者と子どもや家族との関係において、学習の機会が意味をもつかどうかによって成果が決まってくると考えられます。子どもが普段あたりまえのように過ごしている家庭や就学前施設での日常生活について、専門機関の指導者がどれだけ考慮して指導を行っているのか、それがなければ、訓練で得たスキル等の学習成果も日常生活のほかの場面で活かされにくくなるでしょう。そのため、保護者が専門機関での訓練に対して残念な感想をもつこともしばしばあります。

> 「発音が気になるから……というので訓練を勧められて行っているんですけど、言葉に関係なさそうなことばかりやって、いまいち効果があるのかよくわからないんですよね。とりあえず子どもが嫌がってないから、まあいいかというので続けてはいるんですけどね。やっぱりやらないよりは、やったほうがいいんでしょうし」

訓練の成果が、家庭での日常生活に「実感」として反映されていない証拠だろうと思います。こういった状況に対する問題意識から、ブリッカーは、障害のある子どもに対する指導のあり方として、「子どもの現実生活から切り離された、もしくは意味のない指導から少しずつ脱却していくこと」(プリティフロンザック・ブリッカー, 2011; p. 3) を念頭に、ABIを開発・発展させてきたのです。

2. ABIにおける指導とは

前述した背景から生まれたABIとは、どのようなアプローチなのでしょうか。ここでは、ABIを実践するにあたって押さえておきたいポイントをいくつか示したいと思います。

(1) ABIにおける指導観

図2-1は、一般的な家庭における何気ない子どもと保護者のやりとりです。

こういった日常生活であたりまえに行われている親子のやりとりのなかにも、ABIで大切にされている指導観が含まれています（表2-1）。この事例の内容から、ABIにおける基本的な指導観を説明します。

第一に、子どもが自ら絵本という物理的な環境、母親という社会的な環境に積極的にかかわっていることです。トビアは自ら読みたい絵本を読み進めているなかで関心をもった「お馬さん」について、「お馬さん！」と呼びかけたり、「茶色？」「たてがみ？」と話を促したりするなど、母親との応答を主導しています。ABIでは、このように子ども自らが積極的に環境にかかわるということを前提に置いたうえで指導を進め、子どもの発達や学習を促します。

第二に、このやりとりが生まれた場が家庭のリビングであることについて、どのような意味があるのか考えてみてください。ABIでは、日常生活で子どもが赴く場のすべてにおいて学習機会があると考えます。しかし、同じ活動であっても、その学習環境の条件や学習機会の特性は異なります。仮に、トビアが絵本を見ている場が保育室だったとしましょう。その場合、ほかの子ども

図2-1　子どもと保護者のやりとり（プリティフロンザック・ブリッカー, 2011; p. 25より）

表2-1　ABIにおける4つの基本的な指導観

①子ども自らが積極的に環境にかかわることで、発達や学習が促される
②学習環境の条件や学習機会の特性は、発達と学習に影響を与える
③日常生活の文脈における環境とのやりとりは、学習と般化を促す
④意味のあるフィードバックや強化子の提示は、発達と学習に不可欠である

たちもいる中では、トビアは絵本をじっくり一人で読むということができなかったかもしれません。また、ほかの子どもたちとの会話から、馬以外のことに関心が向いたかもしれません。母親でなく保育者が相手だったら、トビアが発する問いかけも異なっていたでしょう。このように、学習環境の条件や学習機会の特性の違いは、子どもの発達と学習に影響を与えていると考えます。冒頭に記したように、ある子どもが専門機関、保育施設という異なる場で同じ活動をしていたとしても、その子どもの発達と学習への影響は必然的に異なるのです。

第三に、絵本を使った応答のなかで「茶色」がキーワードになっていることの意味を考えてみましょう。まずは、色の概念形成というトピックがトビアの発達段階に応じた学習になっています。こういったやりとりを通して、トビアは、世のなかには赤、青、黄などさまざまな色があり、それらがどう違うのかを考えると思われます。実際、トビアは茶色をめぐるやりとりのなかで、「私には茶色の髪の毛がある」と話しています。つまり、トビアは自分の日常生活の文脈に基づいて思考を発展させていることがわかります。このように、ABIの指導においては、子どもの日常生活の文脈とのつながりを持たせた学習を促すことで般化しやすいように進めます。

第四に、母親がトビアに「あなたにはたてがみがある？」と話しかける一幕に着目してください。そのきっかけとなったのは、トビアの「たてがみ？」という問いかけと「たてがみ」というつぶやきです。この反応から、トビアがたてがみに関心をもったことがわかります。そこで、母親は「トビアにとって意味のある」フィードバックとして、たてがみに関する話をしています。ここでトビアに、馬の鳴き声の話やひづめの話をしたとしても、さしたる学習にはならなかったでしょう。つまり、大人が指導を行うにあたって、子どもの反応を見て、「その子にとって意味のある」フィードバックが求められるということになります。そういったフィードバックが子どもの発達と学習に不可欠なのです。

以上のように、ABIでは、子どもの日常におけるあたりまえの生活環境を重んじています。ABIは、子どもの日常生活における適応を促進し、将来的な自立につながる機能的スキルの発達を目的として、子どもの日常生活の文脈において、子どもを評価し、指導するアプローチなのです。

(2) ABIの枠組み

実際のABIの指導は、図2-2の枠組みにおいて行われます。以下、各要素について説明を加えます。

①子ども主導の活動、ルーチン活動、設定活動

ABIでは、子どもの日常生活における活動を、子ども主導の活動、ルーチン活動、設定活動の3

1	2	3	4
子ども主導の活動 ルーチン活動 設定活動	多様な学習機会	機能的で、 般化可能な 目標	タイムリーで 適切な 結果操作・ フィードバック

図2-2　ABIの枠組み（プリティフロンザック・ブリッカー, 2011; p. 34より抜粋）

つのタイプに分けて考えます。

子ども主導の活動とは、子どもが自ら始めた活動や、子どもが活動を導いている状態を指します。こう言うと「自由時間の遊び」にのみ存在するように思えますが、「集団活動の時間」のなかにも子ども主導の活動は存在します。たとえば、子どもたちが自ら歌う曲や種類を選択することができる場合は、子ども主導の活動と言えます（プリティフロンザック・ブリッカー, 2011; p. 36）。つまり、子ども主導の活動とは、子どもが何をするかを選択する余地がある活動ということができるでしょう。子ども主導の活動においては、子ども自身の内発的動機や興味関心をもとに指導を進めるため、質の高い学習が期待できます。保育者は、子どもの主体性に寄り添い、子どもの興味関心を基本とし、子どもが活動の際に示した反応に合わせて適切な応答をすることが求められます。

ルーチン活動とは、子どもが日々生活するなかで習慣として行われる必要不可欠な活動を指します。具体的には、手を洗う、服を着替える、食事をする、排泄する、といったものです。ルーチン活動は、日々習慣づけられた活動であるため、無意識的に行われる子どもにとって自然な活動と位置づけられます。また、日々必ず行われるため、子ども主導の活動に比べて、何度も繰り返し経験することができる点が特徴です。つまり、ルーチン活動のなかに子どもに獲得させたいスキルを含めることで、学習効果が増すことが期待できます。

設定活動とは、保育者が主導して計画する活動を指します。保育者の計画に沿って行われる集団活動や行事などがこれにあたります。保育者は設定活動を利用することで、意図して学習機会を設けることができます。また、子どもたち同士の相互作用を意識することで、より効果的な学習機会を与えることができます。しかし、そのためには、子どもたちの長所や興味関心、発達段階の理解、十分な計画が必要になりますし、できるだけ日常生活に近い形で活動を進めることが求められます。

②多様な学習機会

子どもにとっての学習機会は、多様な活動のなかで提供されなければなりません。なぜなら、子どもはさまざまな環境、人、条件のなかで生活しており、まったく同じ出来事に遭遇することはないからです。そのため、子どもは多様な条件に適応する必要があります。専門機関で行われる訓練は、統制された条件下で学習をしますが、身につけたスキルを多様な条件下で発揮できなければ意味がありません。そこで、さきほどの3つの活動を中心に多様な学習機会を設けます。子ども主導の活動やルーチン活動だけでは、十分な学習の機会が得られない場合もあります。その場合、保育者や保護者が意図的に設定活動を構成して指導を行うことも必要になるでしょう。ただし、前述したように、その子どもにとって意味のある活動になるように注意しなければなりません。

③機能的で、般化可能な目標

ABIでは、設定する目標に2つの特徴があります。

第一に、「機能的」であるということです。これは、日常生活を過ごすにあたって必要性の高いスキルを優先的に目標に掲げるというものです。幼児の日常生活を想像してみてください。ここに、「本に載っている動物の名前を正しく言うことができる」と「友だちにあいさつすることができる」という目標があるとすれば（プリティフロンザック・ブリッカー, 2011; p. 41）、後者の方がはるかに生活上必要性の高いスキルであることがわかると思います。動物の名前を言うことができることも、その子どもの関心に沿っていれば大切な目標になりえますが、目標の優先順位をつける際の判断材料としては、「機能的」であるかどうかを見極めるのが重要になります。

第二に、「般化可能」であるということです。これは、さまざまな状況のなかで幅広く用いることができる、かつそのなかで柔軟に自分の行動を変えていくことができるということを指します。たとえば、「先生の指示を理解できる」という目標を立てたとします。そうすると、さまざまな状況（静かに1対1で指示を聞く、保育室で友だちと一緒に指示を聞く、全園児が集まって園庭で指示を聞くなど）での学習機会をもつことができ、それを身につけた結果、さまざまな状況に幅広く対応することができるということになります。また、特定の先生だけでなく、複数の先生における学習機会を経験することにより、指示の仕方や口調が違うなかで柔軟に自分の行動を変えることができるようになるでしょう。

ABIでは、どの目標を優先的に設定するか、その優先順位をつけるにあたって、多くの時間をかけて協議します。それは保育だけでなく、家庭での生活を含めた日常生活を理解しなければ、機能的で般化可能な目標を判断できないためです。そのため、その子どもにとって有用な目標を立てるためには、保護者との情報交換が欠かせません。

④タイムリーで適切な結果操作・フィードバック

ここでは、ABIにおける応答性の考え方を示します。たとえば、「先生に対して適切な方法で要求を表すことができる」という目標があるとします。子どもがおもちゃを指さして保育者の方を見たとしましょう。保育者は「このおもちゃで遊びたいの？」などと言葉をかけて、そのおもちゃを取ってあげると思います。しかし、ここで保育者が子どもの要求に気づかなければ、子どもは諦めてしまうかもしれません。もしくは、泣き叫んで要求するなどの適切ではない方法をとり、そこでおもちゃを取ってもらった経験を通して、次からは泣き叫ぶようになるかもしれません。これは子どもの行動に対して、タイムリーで適切な結果操作・フィードバックをしなかったことによります。子どもが目標を達成するためには、周囲の大人がどのような結果操作・フィードバックをするかが鍵になってきます。だからこそ、保育者や保護者など、子どもにかかわる主要な大人が子どもの活動のどこに着目し、どのように応答するかを情報交換しておかなければなりません。

ここで示した4つの要素は、前述したABIの指導観と関連して構成されています（図2-3）。このように、ABIは保育者が指導を実施しやすいように体系化されており、一貫した支援を行うことができるアプローチなのです。なお、具体的な指導の手続きに関しては、リンクシステムを通して行われますが、それはあとで詳述します（3章参照）。

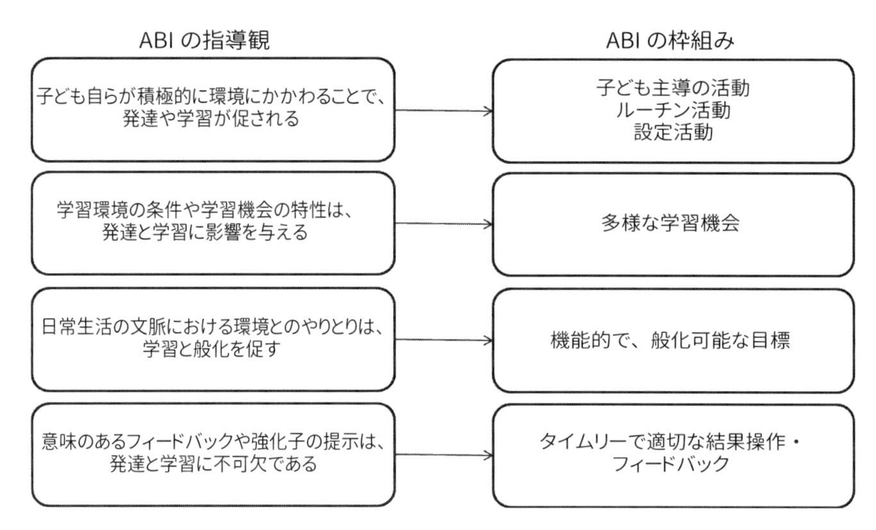

図2-3　ABIの指導観と枠組みの関連性

引用文献

プリティフロンザック, K., ブリッカー, D.（著）七木田敦・山根正夫（監訳）(2011)『子どものニーズに応じた保育――活動に根ざした介入』二瓶社.

3章
指導の要点
真鍋 健

1. 理論から実践へ

これまでの章で指摘してきたように、ABIでは重要なスキルを獲得し、発揮することができるよう、同じものは一つとしてない子どもの生活に目標を埋め込み、周囲の人や環境とのかかわり合いのなかで指導を行います。ただし、療育機関や病院内での指導のように、指導者側にとって都合よく高度に構造化された訓練室とは異なり、日常生活は多くの人と物にあふれかえっています。さまざまなハプニングが起きることも、きっと日常生活の方が多いでしょう。雑多で混沌とした、しかしとても豊かで魅力的な環境のなかでABIの理論を実践に移していくためには、もう少し具体的な何かがほしいと思う方もいると思います。

米国では、ABIをはじめとする目標埋め込み型の指導アプローチを見通しをもって実践できるよう、さまざまな工夫や仕掛け、また具体的な手順が明らかにされています。この章では「さあ、今日から始めよう」と思った皆さんが、どのようなことに気をつけて実践すればよいのかについて説明します。中心となる事項は図3-1のとおり、指導前に考えなければならない「基本的な事項」と、「リンクシステム (Linked System)」と呼ばれる包括的なシステムの2つです。

2. さあはじめよう その1（基本的な事項について）

ABIを実践するにあたって、まず実践者としての自分がどのような人に囲まれ、どのような場に立ちながら指導を行おうとしているのかを考えることが重要です。なぜなら、ABIの実践は「実践者一人の力技で子どもを良い方向に変えよう」といった孤軍奮闘型のアプローチではありません。むしろ、家族や自らが勤務する同僚なども含めて、周囲の支援者との協力関係のもと、このアプローチに取り組むことが推奨されています。以下、実践者のまわりにいる子ども、家族、保育（自分の職場）、他の専門機関に対して、考えておくべきポイントを紹介します。またメンバー同

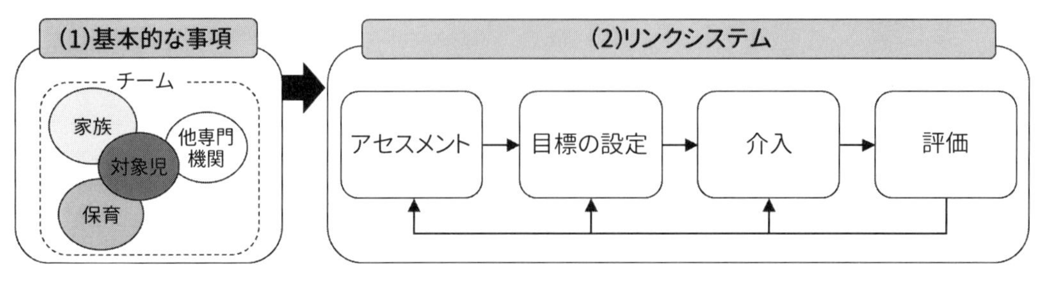

図3-1　基本的な事項とリンクシステム

士間の協力体制について、チームという視点も含めて説明します。

(1) 子どもについて

「自閉症の子どもには……」「ダウン症の子どもには……」という言い方で助言を求められることがあります。このことは実践者にとって、「障害の種類」が支援を行ううえでとても重要な情報として位置づけられていることを意味します。しかし、障害の種類はその子の生活や発達上のニーズに影響を与える要因の一つでしかありません。支援に向けてもっと知るべき重要な情報は、ほかにもあるはずです。特に、ABIではその子の「興味のあること」「関心のあること」「好きなこと」、またはその逆のこと（興味のないことなど）を知ることが欠かせません。またこれらが（物理的・時間的な広がりを見せる）生活環境と、どのようなつながりをもっているのかということも、アプローチを進めていくうえで求められます。その子ならではの「生活地図」や「24時間の生活の仕方」を、事前に想定しておくとよいでしょう。

(2) 家族について

2章で、保護者が積極的にABIアプローチにかかわることで、子どもの変化を実感することができ、スキルの獲得にポジティブな変化がもたらされることを述べました。あるスキルが定着するまでには、練習－獲得－維持－般化（獲得したスキルをさまざまな人、場面、状況でも発揮できるようになること）というプロセスを想定することが大切です。このためにも、保育施設や療育機関など、一部の指導場面での実践だけではなく、生活の大部分を占める家庭とそこでの家族の姿も考慮に入れることが求められます。

ただし、乳幼児期は、障害やそのリスクの発見の時期にも重なります。保護者は子どものことに悩んでいるかもしれません。健診や療育のシステムなど、自治体が整えてきた早期発見・支援のレールに乗る途中で、さまざまな障壁に直面しているかもしれません。家庭との協力関係のもと、実行可能な支援を目指すために、個々の保護者の思いや悩み、家族としての強みや弱みの把握が重要です。(1) で指摘した「生活地図」「24時間の生活の仕方」というものを、家族にも適用させて考えましょう（図3-2）。

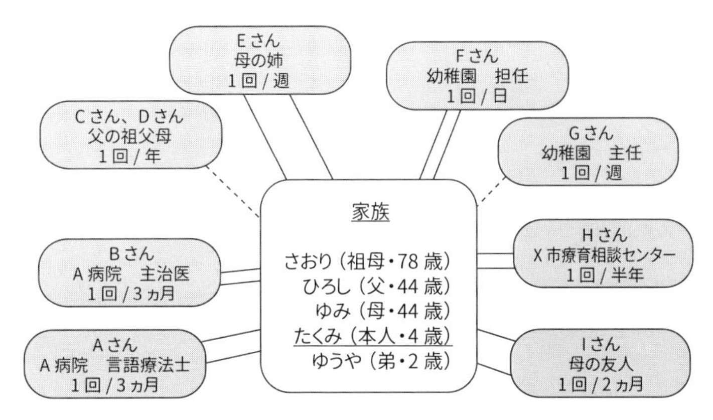

図3-2　家族の生態図
（McWilliam, 2010を参考に作成。線の幅は保護者にとって親密度の高い支援者を、破線はストレス源となっている支援者を意味する）

(3) 保育 (自分の職場) について

この本は保育機関のほか、療育機関、特別支援学校の先生などが実践されることを想定しています。その際、このアプローチが子どもとのかかわり方のみを提供しているのではなく、包括的な介入システムとして位置づけられていることに気をつけなければなりません。なぜなら、実践者の職場の環境次第で、包括的なABIアプローチの進め方や成否が変わってくる可能性があるからです。

たとえば、子どもに関する情報を広く深く知り、ニーズやその優先度を探る「アセスメント」の段階では、担任としてのニーズも抱えるなか、先生一人だけで対象の子どものことを把握することはとても難しいことです。「園内でチームとして活動できる状況にあるのか」「外部の専門機関との関係はどうか」「コーディネーターはいるのか」「園として保護者との連携は」「子どものための個別の計画を作っているかどうか」など、担任として無理のない範囲で支援を行うためにも、所属する機関の支援体制について理解しておきましょう。

(4) 他の専門機関について

これまで日本では、さまざまな専門的な手法が開発されたり、外国から輸入されてきました。各専門家が背景に持つ理念や方法論も多岐にわたり、「専門家」と同じ言葉では一括りにできない状況です。こうした現状から、各専門家の意見が一人の子どもに対して集約されず、むしろそれぞれの専門 (的視点) から、子どもが断片的に捉えられてしまうこともあります。

ABIでは「アプローチを選択することに熱心になるだけでなく、チームのメンバーがお互いに子どもを育て、尊重し合う態度をもつこと」(プリティフロンザック・ブリッカー, 2011; p. 182) を大切にしています。つまり「子どもにとって自分ができることは何か」ということを、子どもの視点から広くもつことが求められているのです。下記のポイントを意識しながら、専門機関とのよりよい関係を作るための方法を事前に考えることが求められます。

(5) チームとして取り組む際に気をつけるポイント

チームとしての機能を高めるために、確認すべきポイントを表3-1に示しました (プリティフロンザック・ブリッカー, 2011; p. 183より抜粋)。これを通して、立場が異なる者同士が一人の子どもの全体像に目を向けること、その子のニーズに合った支援を考えることが促されます。

表3-1　チームとして考える際のポイント

□実態把握にあたって、メンバー全員が情報の収集、まとめ、解釈に関与すること
□家族の保有する資源、優先事項、関心事を明らかにする方法を皆で共有すること
□目標選定の段階で、到達点や優先順位を決める際に、皆が関与すること
□支援にあたって、チームメンバー間で共通する書式を用い、共有すること
□限られた時間を有効活用するために、効果的なミーティングスキルをもつこと
□評価の際、チームメンバー全員でデータを集め、共有すること

3. さあはじめよう その2（リンクシステムについて）

(1) リンクシステム（Linked System）とは

ABIの開発者らは、「ABIは、4つの相互に関連するプロセスで構成されるシステム下で実施されたときに、その効果を発揮する包括的なアプローチである」と述べています（プリティフロンザック・ブリッカー，2011; p. 50）。この"4つの相互に関連するプロセス"が、押さえておくべき大切な事柄の2つ目――リンクシステムです。これは、第2章で述べたABIが大切にしている理論とそれに基づく枠組みを、実践者が行う具体的なプロセスに変換したものとして位置づけることができます（図3-3）。

「アセスメント」「目標の設定」「介入」「評価」の4つのプロセスがそれぞれ適切に扱われ、かつリンクシステム全体としてつながる（リンクする）ことで、個々の子どものニーズを扱う文脈が提供されます。以下では、各プロセスの特徴を述べます。また、それぞれのプロセスがつながる（リンクする）ことの重要性についても触れます。

(2) アセスメント

リンクシステムの最初のステップは「アセスメント」です。アセスメントでは、子どもの長所や興味、現在もっているスキルを明らかにし、その後定めていく目標と具体的な支援方法を決定する際に必要な情報を集めます。子ども理解にかかわるこのアセスメントについては、4章でも詳細を説明していますが、アセスメントを行ううえで重要なポイントを次ページの表3-2に記します。

①について、現在その子どもがもっているスキルの内容とその獲得状況を把握することは、その子が日々どのように環境とかかわっていて、そのなかでどのような課題（ニーズ）をもっているのかを知ることにつながります。たとえば、ある幼児のコミュニケーションについて、日常の遊びでは積極的に身振りを用いて保護者とやりとりしているにもかかわらず、お腹が空いていたり、トイレに行きたいときには身振りを使うことができずに困っているとしましょう。この幼児

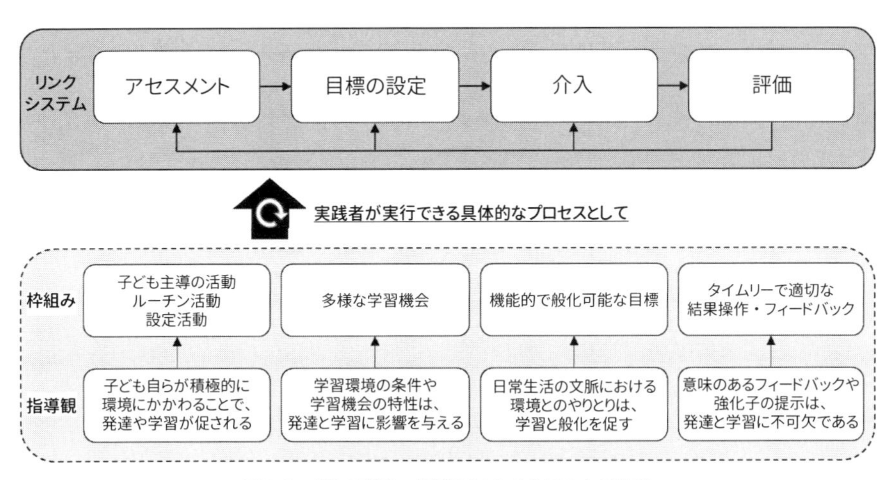

図 3-3　ABIの理論・枠組みとリンクシステムの関係

表3-2　アセスメントのプロセスで重要なこと

①その時点で子どもがもっている興味や関心、また獲得している行動のレパートリーについての情報を得ること ②さまざまな場面で見られる子どもの行動を満遍なく把握するために、フォーマル・インフォーマルなアセスメントを駆使すること ③継続的に情報を集めること、子どもにかかわるさまざまな支援者から情報を集めること ④家族が有する資源やニーズ（優先事や関心事）に関する情報も集めること

の場合、「自分が困ったとき（要求場面）」のコミュニケーションの取り方に、生活や発達上のニーズがあるものとして理解し、支援の内容と方向性を定めていくことができるでしょう。生活で見せる多様な姿から、その子どもにとって重要なニーズを絞り込み、優先順位をつけるためにアセスメントの情報が活用されます。

ただし、「2. さあはじめよう　その1」で述べたように、担任一人だけで子どものことを理解しようとすることは、担任としてのニーズも混入した「決めつけ」による子ども理解につながる可能性もあります。②③のように、発達検査に代表される客観的な評価方法（フォーマルアセスメント）と観察（インフォーマルアセスメント）を組み合わせたり、同僚や保護者を含めた関係する支援者間で情報を収集し、それぞれ補いながら一人の子どもの実態に迫っていくことが求められます。

また④について、ABIの開発者は、「家族のニーズに気を配らなかったり、保護者の意見や解釈を受け入れない場合、いくらチームがそれを共有していても家族に利益はもたらされない」（プリティフロンザック・ブリッカー, 2011; p. 125）と指摘しています。子どもの生活時間を考えれば、最も多くの時間を過ごしているのは、そして、子どもの行動に強い影響を及ぼしているのは、やはり家庭です。アセスメントの段階から家庭の存在を考慮に入れることで、「今ここで何を優先すべきか」の議論がしやすくなるでしょう。

(3) 目標の設定

リンクシステムにおける2つ目のプロセスは「目標の設定」です。その名のとおり、先のアセスメントを通して得られた情報から、その子どものニーズを定め、優先的に扱うべき内容を具体的な目標行動として扱います。目標の設定の段階で求められる重要なポイントを表3-3に記します。

①について、個々の子どもに対する計画を作成するときには、長期目標と短期目標の2つの違いを意識することが重要です。ABIにおいて、長期目標とはおよそ1年をかけて子どもが獲得することが望ましいスキルを意味します。一方の短期目標は、長期目標へ向かううえでの中間地点として位置づけるものであり、およそ1～3ヵ月程度の期間で子どもが獲得することが望ましいスキルとされています。たとえば、数歩歩き始めた子どもがいた場合、「整備された地面、芝生、カーペットなど異なる地面を10メートル以上一人で歩くことができる」という行動が長期目標と

表3-3　目標の設定のプロセスで重要なこと

①適切な長期目標と短期目標を設定すること
②4つの質的な基準を満たすこと
・機能的である
・般化できる
・測定可能である
・日常の活動で扱うことができる
③障害の程度が重い子どもに対しては、短期目標をさらに細分化した内容を目標とすること

して、そしてこの長期目標に少しずつ近づいていくために「バランスのとりやすい整備された地面を10メートル以上一人で歩くことができる」または「地面、芝生、カーペットなど異なる地面を3メートル以上一人で歩くことができる」という行動が短期目標になるかもしれません。

なお③に関連して、重度の障害のある子どもや複数の障害を重複している子どもの場合、私たちが想定するよりも長い時間をかけて発達が進みます。こうした子どもが示す小さな――しかし重要な変化を見逃さないためにも、短期目標よりもさらに細かい行動のステップを想定することが大切です（たとえば、「要求物が目に入ったときに指を開くこと」「手を数センチ動かそうとすること」など）。

②の4つの質的基準（プリティフロンザック・ブリッカー, 2001）のうち「機能的である」と「般化できる」はすでに2章で指摘していますので、19～20ページを参照してください。「測定可能である」「日常の活動で扱うことができる」の2つについては、この逆、つまり「測定できない」または「日常の活動で扱うことができない」行動が設定されたときのことを考えてみてください。たとえば、前者は「友だちに思いやりの気持ちをもつ」、後者は「子どもの生活に関係のない絵カードの名前を呼称する」という行動が設定された場合、実践内容も評価の仕方も人によって大きく異なってしまい、結局「何を支援してるんだっけ」となりがちです。保護者を含めた複数のメンバーがそれぞれの場面で実行可能な支援を行うためにも、これら4つの質的基準を押さえていく必要があります。

(4) 介入

リンクシステムにおける3つ目のプロセスは「介入」です。ABIにおいて、介入という用語は「目標としたスキルの使用とその獲得を促すことを意図した、保護者や専門家による計画と実際の展開」を意味しています。この定義からは、「介入」は少なくとも学びの場や状況づくりという意味での「計画の段階」とその計画を「実行に移す段階」の2つに大別できます。こうした介入のタイミングで重要とされるポイントを次ページの表3-4に示します。

①について、子どもが生活する自然な文脈で学習機会を保障させようとする場合、大人が意図的に整えた訓練室環境とは異なるタイプの配慮が求められます。まずABIでは、時間的にも空間

表3-4　介入のプロセスで重要なこと

①子どもの生活に学習機会を埋め込むにあたって、行動が生じる直前の状況（先行事象）が適切に整えられていること、またその際、子どもがもともともっていた意図や興味・関心から注意をそらさないように気をつけること
②子どもの行動に対して、タイミングよく、十分な量のフィードバックやほめなど（の結果事象）がともなうこと
③学習機会の整備や目標を埋め込むタイミング、介入時に配慮することなどをまとめた書式を活用すること

的にも幅のある生活のなかから、目標とする行動が生じるであろう事前の状況（先行事象または先行子と呼ぶことがあります）を周到に用意・計画する必要があります。たとえば、コミュニケーション領域で「さまざまな人に『おはよう』と挨拶をする」という目標が設定された場合、こうした行動が自然な文脈で生起するためには、時間（朝のタイミング）と場（出会いの場）に気をつけなければいけません。また、どのような場で扱うことができるかという配慮に加えて、その子どもにとって必然性や必要性を伴うものであるかという視点も求められます。挨拶が目標になっているからといって、子どもの思いを無視して、いつでもどこでも誰にでも挨拶することを求めていては、学習機会そのものを嫌がってしまうかもしれません。その場所で、子どもがもともともっていた意図や興味・関心を、最大限尊重することが求められます。

②について、ABIでは行動理論に基づき、子どもが示した行動が再度同じ文脈で再び生じるよう、フィードバックやほめること（強化子の提示）を伴わせることを大切にしています。その際、自身の行動とそれによる結果との関係を子ども自身が身をもって体感し理解することができるよう、こうしたフィードバックなどは即時にタイミングよく、十分な量が与えられることが重要です。目標とする行動を出したにもかかわらず、大人がそれに気づかず1分後、3分後、5分後……にほめたとしても、子どもは自らの行動と大人のフィードバックとの関係を結びつけることはできず、再びその行動を生起させることはないかもしれません。

また、子どものなかには、大人による言葉のほめを「ほめ」として理解できない子どももいます。言葉によるほめ、笑顔によるほめ、感覚的な刺激（触覚・聴覚・視覚に働きかけるような物品の使用）、子どもが要求した物品の提示など、複数のほめのレパートリーを想定していくことが必要です。

③について、ABIでは目標とする行動に子どもが取り組む前に、「どのように学習機会を整えるか」「いつ、どの活動で目標を埋め込むのか」「介入時にどのようなかかわり方や配慮を行うか」などの事項を、所定の様式に記入し、万全を期したうえで介入を行います。こうした用意をせずに実践を始めてしまうと、「担任が用意した保育活動がその子にとっては難しすぎて、活動に安心して参加できず、目標行動の練習どころではなかった」「子どもに対応しようと思ったら、他の子どもの対応に精一杯で、それどころではなかった」ということもしばしば起こります。ほんの一つの小さな実践にも、周到な用意が求められるということです。

表3-5　評価のプロセスで重要なこと

①評価を行うことで子どもの成長を確認し、今後の支援の内容や方向性について決定・判断を行うこと。その際、関係するチームメンバーで結果を共有すること ②評価の間隔について、毎日・週間隔での評価、学期・年間隔での評価を適宜組み合わせて行うこと ③評価の方法について、記述的な記録、行動産物、集計された量的記録など複数の方法を組み合わせて行うこと

(5) 評価

リンクシステムの最後のステップは「評価」です。評価では、子どもの成長について、介入の前と後の行動を比較しながら検討を行います。(2) のアセスメントと同様に、子ども理解にかかわるこのアセスメントについては、4章に詳細を説明しています。評価を行ううえで重要なポイントを表3-5に記します。

①について、ABIでは「スキルの獲得により、支援終了」ということにはなりません。個々の子どもの自立に向けて、目標が常に更新・修正されていく必要があります。あるいはそれまでに行ってきた支援がうまく子どもの成長を引き出せなかった場合も含めて、今後の支援の方向性を定めていくために評価を行います。その際、やはり一人の支援者の見方ではなく、チームメンバー間で意見を出し合うことが重要です。また、下記に述べる複数の評価の手法も合わせることで、妥当な評価を目指します。

評価を通して支援の方向性を検討していくにあたって、②に指摘した評価の間隔はとても重要な意味を成します。ABIではスキルの達成状況に関するデータについて、毎日あるいは週間隔で集めるデータをオンゴーイングデータ、学期あるいは年単位のものをインパクトデータと呼んでいます。特に、間隔の狭いオンゴーイングデータの収集は、子どもが目指すスキルに向かって着実に成長しているかを確認するうえで、有益な情報をチームにもたらします。誰が、いつ、どのように、どのくらいの間隔で評価を行うかを、チーム間で事前に決め共有しておくことで、計画性をもった支援が促されます。

③の評価の方法について、子どもの目標としたスキルの達成状況を知るために、3つの方法が提案されています。1つ目に大人の言葉による記述的説明（エピソード記録や指導中のメモなど）、2つ目に行動産物（図や写真または子どもが作ったり残した物）、最後に数量データの集計（自発行動の数を数えたり、グラフ化したもの）です。それぞれの評価方法は長所と短所をもっています（たとえば、数量データは客観的な行動の経過を表しやすい一方で、子どもの行動の背景にある生態性が取捨されることなど）。チームメンバーごとに取りやすいデータも違うかもしれません。「やりっぱなし」に陥らないよう、「目標設定」や「介入」の段階でこうした事項について決めておくことが求められます。

4. 4つのプロセス間のつながりについて

これまで、リンクシステムの概要を「アセスメント」「目標の設定」「介入」「評価」の4プロセスから個別に説明してきました。しかし、これらのプロセスはそれぞれ排他的な関係にはありません。つながる（リンク）システムという言葉からもわかるように、それぞれの要素はお互いに補完関係にあり、一つとしてないがしろにはできません。何らかの理由で、アセスメントが十分に行われなかった場合、その子どもの生活や発達上のニーズが十分明らかにできず、適切・妥当な目標設定には至りません。さらに子どもにとって重要ではない目標設定がなされた場合、チームメンバーの「子どものためにデータを集めなければ」という動機づけに影響が及ぶかもしれません。

リンクシステムの相互・循環的な性質により、効果的なアプローチが実現でき、それを通して子どもや家族に有益な効果がもたらされます（プリティフロンザック・ブリッカー, 2011; p. 50）。ABIに基づく実践を行おうとする場合、こうしたシステム全体を考慮に入れる必要があります。

引用文献

プリティフロンザック, K., ブリッカー, D.（著）七木田敦・山根正夫（監訳）（2011）『子どものニーズに応じた保育――活動に根ざした介入』二瓶社.

McWilliam, R. A .（2010）*Routines-Based Early Intervention*. Baltimore: Brookes.

Pretti-Frontczak, K., and Bricker, D.（2000）Enhancing the Quality of IEP Goals and Objectives. *Journal of Early Intervention*, 23（2）, 92-105.

4章
「子ども評価」の考え方と具体的な方法

山根 正夫

1. なぜ「評価」が必要なのか

子どもや家族に対しての支援にかかわる方のなかで、「評価」という言葉をよく耳にする方がいるかもしれません。ときにこの用語は「個人に対して善悪や良し悪しを価値づけること」のように捉えられることがあります。しかし、子どもへの支援において「評価」は、こうしたことよりもむしろ、それぞれの子どもが「どのような状況にあり、どのようなニーズがあるのか」を明らかにし、一人ひとりへのオーダーメイド型の支援を導くものでなくてはいけません。適切で妥当な評価（方法）を選択し用いることで、以下の4つの利点が、子ども・家族、そして支援を行うチームにもたらされます。

①子どもの実態把握

子どもの実態を適切に把握することを通して、目標設定や優先順位、保育の方法や必要な社会資源の確認・決定、支援者間の役割分担などを、個々に合わせて計画することができる。

②ニーズと学習環境・指導方法の共通理解

子どもや家族のさまざまなニーズについて、また子どもにとって最適な学習環境あるいは指導方法について、家族や同僚（他の社会資源や専門家を含む）と共通理解することができる。保護者を含む支援者間で目指している目標や対応方法に食い違いが生じることを防止する。

③効果の検証

目標の達成状況の確認あるいは介入の問題点の検証が促進されるなど、保育所や幼稚園、児童発達支援センターでの保育・教育・療育の「効果」を検証することができる。昨今、医療や教育の分野で強調されている、いわゆるエビデンスベースド（根拠に基づく）の介入がもたらされる。

④移行の支援

保育所や幼稚園、児童発達支援センターなどで、次のクラスへの引き継ぎや、さらに小学校への就学移行の際に、その子に関する重要な情報を提供することができる。保護者にとっては、担当者が変わるたび、クラスが進行するたびに、生まれてからの発達の状況などについて一から説明する必要がなく、次の担当者にとっても「今から何をすべきか」ということが明確になりやすい。

ここで、こうした4つの事項を、第3章で指摘した「リンクシステム」に重ねてみます。すると、

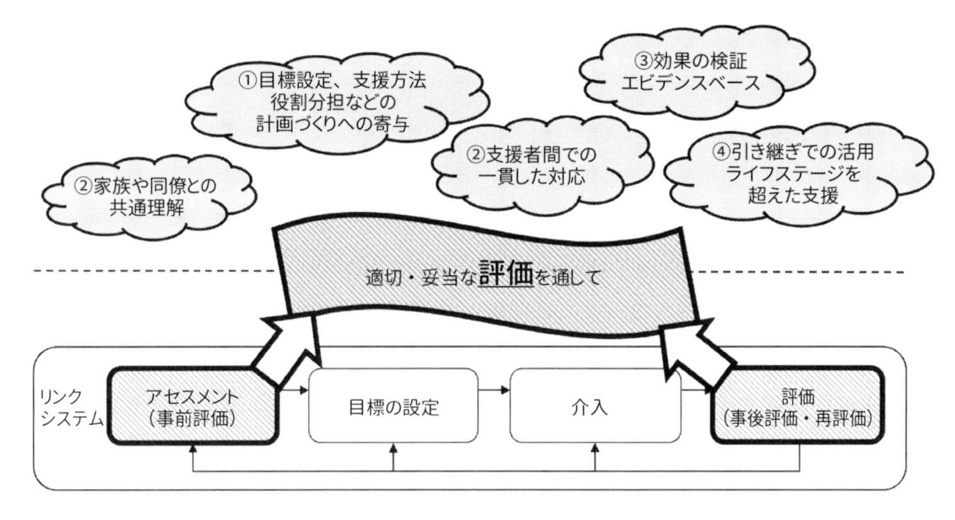

図4-1　リンクシステムにおいて適切・妥当な「評価」がもたらすメリット

リンクシステムを構成するプロセス全体に対して「子どもの評価」が重要な役割を果たしていることに気づきます。ABIを展開するうえで、評価は欠かせない事項として位置づけられているのです(図4-1)。

ここではもう少し詳しく、「子どもの評価」に関する内容と具体的な方法について述べていきます。なおABIで「評価」と述べる場合、アセスメント(事前評価)と再評価(事後評価)の双方を含む広義な用語として捉えます。次に、最初の段階であるアセスメントを中心に詳細を述べていきます。

2. アセスメントについて

アセスメントとは、前述のように保育・教育・療育などの介入の計画を立てる際に、事前に子どもの発達や家庭・生育環境などについて現在の状態や特徴などを評価することです。なお、現在の状態や特徴を知る際には、2つの視点が求められます。一つが、「3歳くらいの子どもであれば遂行できそうな課題やその際に用いるスキルが、どの程度獲得・達成されているのか」など、行動の型に注目した“量的”な側面です。もう一つが、「その子どもの行動が生活環境のなかで、どのような意味や役割を担っているのか」など、行動の機能に注目した“質的”な側面です。

これら2つの側面を明らかにしていくにあたって、「支援者はアセスメントでどのようなことをするのか」という問いに端的に答えるとすれば、「一定の期間、対象とする行動を一定の基準で観察記録する」ということができるでしょう。ただし、それは「じっと子どもを見ていればいい」というわけではありません。ABIの開発者は以下のように述べています。「アセスメントの情報は優先的なニーズを明らかにするのに加えて、子どもの長所や芽生えつつあるスキルをチームが理解するためにまとめられる……(一部省略)……したがって、それは意図的な介入の中心として位置づけられるとともに、そのために系統的な評価が求められる」(プリティフロンザック・ブリッカー, 2011; p. 50)。「子どもを見る」ということそのものに対して、高い技術と専門性が問われているということです。

3. アセスメントの方法

では、どのように私たちはアセスメントを行えばいいのでしょうか。アセスメントにはさまざまな方法がありますが、本章ではテスト等に基づくフォーマルアセスメントと観察等に基づくインフォーマルアセスメントの2つに触れます。それぞれの詳細は後述しますが、この2つを通して子どもの現在の力を評価し、必要に応じて家族のアセスメントも実施します。これらのアセスメントの情報を、一人ひとりの子どもに合わせた支援計画を作成する際の材料とします。

アメリカでは、3歳未満児には「個別の家族支援計画（IFSP: Individualized Family Service Plan）」が、3歳以上児には「個別の教育計画（IEP: Individualized Educational Program）」が策定されます。こうした（すでに作成されている計画に記載されている）情報とリンクさせながら、保育・教育・療育の場面で「機能的で般化可能」な目標を含んだ支援計画を策定することが、ABIの礎となります。

なおこの際にも、前述した行動の型に注目した「どこまでできているか」といった視点以上のことが求められます。つまり「どんな環境で、どのようなやりとりのなかで、子どものスキルが発揮されているか（あるいはいないのか）」という、「子ども」×「環境」の相互作用的（エコロジカル）な視点が、子どもの日常のエコロジーと家族のダイナミックなシステムの両方を支援するために必要です。たとえばSquiresとBricker（2007）による「幼児の社会情緒的スキルの発達のためのABI（実験版）」では、子どもの「社会情緒的スキルのアセスメント（Social Emotional Assessment/Evaluation Measure、以下「SEAM」）」と「環境スクリーニング質問票（Environmental Screening Questionnaire、以下「ESQ」）」があります。ESQの内容は、養育者の教育程度や職業訓練の状況などについての「教育」、子どもが外で遊べる安全な場所や住宅設備の状況などについての「住宅」、子どもの健康面についての状況や児童福祉機関との連携などについての「健康・行動」、養育者は健康保険に加入しているか就労しているかの「経済関連項目」、配偶者との関係などについての「家庭状況」、地域の安全性などについての「地域の状況」が含まれています。わが国でこのような内容まで踏み込むと、「プライバシーは……」と懸念されるかもしれませんが、機関の役割によっては必要な内容で、子どもの養育の一義的環境である家庭のアセスメントは重要な要素です。エコロジーには家族以外に地域や制度や施策も含まれます。これらのアセスメント情報も、子どもの発達支援に大きくかかわります。

4. アセスメントの種類

ABIでは、(1) フォーマルアセスメントと (2) インフォーマルアセスメントの2つが重要です。次に、それぞれの方法や特徴について述べます。

表4-1　フォーマルアセスメントのタイプと種類

アセスメントのタイプ	アセスメントの種類	概要
標準準拠アセスメント	DENVER II：デンバー発達判定法	0～6歳の乳幼児を対象とし、個人——社会、微細運動——適応、言語、粗大運動の4つの発達領域から評価する
	遠城寺式乳幼児分析的発達検査法	0～4歳8ヵ月の乳幼児の発達を運動・社会性・言語の分野ごとに評価するもの
	WISC-IV知能検査	知的機能について検査するもの
規準準拠アセスメント	ポーテージ早期教育プログラムチェックリスト	おおむね0歳から5、6歳の子どもを対象に、乳児期の発達、社会性、言語、身辺自立、認知、運動の領域について評価し、目標設定するためのチェックリスト
カリキュラムを基本とするアセスメント	AEPS	誕生から3歳までの領域と、3歳から6歳までの「微細運動領域・粗大運動領域・適応行動領域・認知領域・社会−コミュニケーション領域・社会性領域」のあわせて7領域に分けられている

(1) フォーマルアセスメント

保育所・幼稚園・療育機関の場面で実施できるフォーマルなアセスメントとして、表4-1に示すようなものがあります。

①標準（基準）準拠アセスメント

標準（基準）準拠型のアセスメントとは、定型的な発達からどの程度逸脱しているか、また個人の学び方の特徴などを評価します。「標準」とは、ある測定値に関して等質集団の平均あるいは中央値を指します。「基準」は、ある年齢ではこうであってほしいとする水準、ある事柄を判断するための尺度となるものです。

②規準準拠アセスメント

このアセスメント方法は、子どもに「何を教えるか」についての詳しい情報を提供します。一定の信頼性・妥当性のある規準をもとに、子どもの長所（ストレングス）と弱み（ウィークネス）ならびに芽生えつつある行動を明らかにするもので、具体的な目標につながるものです。

③カリキュラムを基本とするアセスメント

ブリッカーら（2002）は、「Assessment, Evaluation, and Programming System for Infants and Children（乳幼児のためのアセスメント・評価・プログラム策定システム、以下「AEPS」）」を開発しています。発達のアセスメントと課題分析された下位項目、規準、領域間で関連する同時に目標とされるものが示されています。さらにその目標となる行動を子どもたちが学ぶ機会を日課のなかのどの場面や機会が提供できるか、環境構成の具体例が示されています。

AEPSはこのように、アセスメントの結果、ABIをベースに、目標の決定と支援計画の策定、日課や遊び活動などに個々の目標を埋め込むまでがパッケージになっているものです。ここでの出発点となるものを「カリキュラムを基本とするアセスメント」と言います。

ここでAEPSの一例を紹介します。表4-2は、3歳から6歳までの保育カリキュラムを想定して、

表4-2　AEPSにおける課題例

例：〈領域：社会性〉
A 「他者と相互にかかわる」
〈目標1〉：「遊びの仲間として他の子どもとかかわる」
〈目標2〉：「共同遊びをはじめる」
〈目標2-1〉「他の子どもと共同して活動に参加する」
〈目標2-2〉「他の子どもと共同的な活動を続ける」
〈目標2-3〉「玩具を共有したり交換したりする」

表4-3　よく使われる行動観察法と記録法

観察方法	サンプリング	記録方法	分析方法
時間見本法	時間	行動目録法	統計的分析
場面見本法	場面	評定尺度法	統計的分析
事象見本法	事象	行動描写法	記述的分析
日誌法	特徴的な行動	行動描写法	記述的分析

「社会性」にかかわる発達領域をどのように評価するかが示されています。領域ごとに、大きな発達項目について、それぞれが課題分析された下位項目があり、日課や活動例、環境構成、教材や遊具や遊び方が例示されています。

このように、アセスメント、目標設定等が明示され、どのような活動や環境を準備すればよいのかが1つのパッケージとして示されています。残念ながらわが国ではこのような保育カリキュラムに沿ってアセスメントできる類(たぐい)のものはありません。類似したものとしては、表4-1に記載した「ポーテージ乳幼児教育プログラムチェックリスト」と、「ポーテージ早期教育プログラム活動カード」が市販されています。

(2) インフォーマルアセスメント：相互作用アセスメント

フォーマルアセスメントでは、子どもの学習成果やスキルの獲得状況など、子どもの行動に関してどちらかといえば量的な観点から情報を集めました。一方のインフォーマルアセスメントでは子どもの行動が「いつ、どこで、誰と、どのように」生起しているのかを確認します。つまり子どもと環境との間の相互作用を明らかにし、子どもの行動が果たしている役割（機能）を明らかにします。

多くの場合、インフォーマルアセスメントでは、子どもの日常生活のなかで、ときに子どもとかかわりながら観察し、情報を収集していきます。よく使われる行動観察法と記録法としては、表4-3のような方法があります。

以下、各インフォーマルアセスメントの手法について説明します。

①時間見本法

時間見本法は観察時間とその間隔を厳密に設定し、その時間内での特定の行動の生起頻度を調べます。たとえば10分間のインターバルサンプリングでは、知りたい行動がどのくらいの頻度で生起するかを10分おきに記録していきます。

②場面見本法

場面見本法は、たとえば「朝の集まりの時間における、挨拶行動」のように、対象とする行動が反復して生じそうな代表的な場面を選択し、そこでの行動を組織的に観察する方法です。

③事象見本法

事象見本法は、ある行動や事象に注目して、それが生起し、また変化し、どのような結果にいたるのかを、そのときの状況を交えて観察する方法です。

④日誌法

日誌法は、日常的な活動において見られた行動やそれを含んだ新しいエピソードを、そのつど観察する方法です。

もし「子どもの行動をすべて記録したい」と思ったときには、“自動観察・記録装置”なるものに頼るほかありませんが、そうしたものは今のところありません（ビデオ記録やカメラでの写真撮影などの工夫は可能ですが……）。つまり、私たちは観察したい子どもの行動や場の状況に合わせて、上記のような方法を適切に選択しなければいけません。ただし、フォーマルアセスメントに比べて、インフォーマルアセスメントでは「観察者の主観」、つまりバイアスが起こりやすいと言われています。それぞれの方法の利点と欠点を意識しながら、観察者間で相互に確認することが求められます。観察と記録は、信頼性・妥当性のあるものでないと科学的な評価とは言えないのです。

5. 行動の機能的アセスメント

最後に、ABIが子どもの評価や支援のプロセスで採用している、子どもの行動の捉え方の一つである「行動の機能的アセスメント」について説明します。

支援を行っていると、ほめたつもりが相手に通じず、叱ったつもりが心地よい声かけであったりすることをよく経験します。こうした現象を理解するために子どもの「行動（従属変数）」と「環境（独立変数）」との関係性がどうであるかをアセスメントし、その機能すなわちそのもつ意味を分析してみる必要があります。行動分析学の立場からは、行動の問題は環境との相互作用で作り出されたものであること、ある状況でふさわしい行動の学習が成立していない（未学習・誤学習・不足学習・過剰学習）であると考えます。

機能的アセスメントの実際の手続きとしては、直接的アセスメント（直接観察）によるデータ収集やABC（先行事象－行動－後続事象）分析（図4-2）を実施し、行動と環境との関係を明らかにします。行動の先行事象と後続事象との関係を明らかにするためには、行動の前後の環境につ

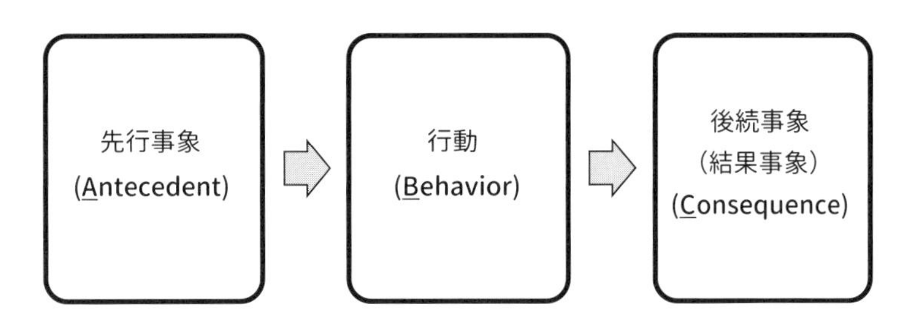

図4-2　行動分析における三項随伴性

いて、①嫌悪事態からの逃避・回避（いやだ・したくない・やめたい）、②注目の要求（みてみて・あそんでよ・もっとかまって）、③要求（それほしい・ちょうだい）、④感覚刺激の入手（自己刺激的行動）の情報を収集します。そして、行動の機能分析を通して問題行動がどのような機能をもつかを分析し、問題の軽減を図ります。

たとえば、乱暴な行動は大人の模倣であるかもしれません。攻撃すれば相手がひるみ、おもちゃを渡すかもしれません（要求）。攻撃すれば、親や先生が「何やってるの！」と注目することで、行動が強化されているかもしれません（注目の獲得）。攻撃すれば必要なものが入手できたり、注目を喚起できたりするのであれば、この行動を繰り返すでしょう。行動の機能的アセスメントとは、このような複雑な「環境」と「行動」との関係を明らかにしていく作業で、子どもの状態に応じて適切なコミュニケーション行動を開発することにつなげ、問題行動を低減させていきます。

もちろん問題行動は、その子どもの生理学的要因やその日、その瞬間の状態を反映します。たとえば、朝出かけるときに保護者に叱られたとか、熱があり不調で保育所や幼稚園に登園してから生起することもあります。行動の問題が一過性でなく継続するようであれば、機能的アセスメントが必要になります。

図4-2に示したABCの関係性は問題行動だけに焦点を当てるものではありません。子どもの示すさまざまな行動（親の行動、保育者の行動）がどのようにして成り立っているのかを明らかにするものです。Aは行動が起こるきっかけとなる事象のことで、厳密には弁別刺激や確立操作という用語で示されます。ABIでいうタイムリーな結果操作というのは、Cの部分を示します。後続事象・結果事象は、直前の行動である従属変数に影響を及ぼす環境変化としてとらえられます。

本章では、子どもの評価の考え方と方法について述べてきました。これらを使いこなすことで、エビデンスに基づくABIの実践が可能になります。

参考文献

クーパー, J. O.ほか（著）中野良顯（訳）（2013）『応用行動分析学』明石書店.

Bricker, D. (2002) *Assessment, Evaluation, and Programming System for Infants and Children. Vol. 1: Administration Guide, Vol. 2: AEPS Test for Birth to Three Years and Three to Six Years, Vol. 3: AEPS Curricuclum for Birth to Three Years, Vol. 4: AEPS Curriculum for Three to Six Years*. Baltimore: Brookes.

Squires, J., and Bricker, D. (2007) *An Activity-Based Approach to Developing Young Children's Social Emotional Competence*. Baltimore: Brookes.

第2部　失敗から学ぶ事例編

事例から学ぶ前に

松井 剛太・真鍋 健

ここからは具体的な事例を通して、ABIの理論を実践に変える方法を示していきます。ただし、その前に米国で生まれたABIを日本で活用するために考慮しておきたい課題である「連携」について記しておきます。

1. 家庭の保育のための保護者との連携

保護者に対する子育て支援は、かねてから保育を行ううえで重要とされてきました。新しく改訂される保育所保育指針、幼稚園教育要領でも、保護者に対する子育て支援が一層強調されることになります。新たな視点として加わることとしては、①保護者とともに喜び合うことができるような支援、②保護者自身の養育する姿勢を支える支援、が挙げられます。

この背景には、乳幼児期の子どもの育ちに家庭の養育環境の影響がきわめて大きいことがあります。加えて、乳幼児期に培われた学びに向かう力は、生涯における学習の基盤になることも言われています。そのため、これまでのように、保護者を「支援を与える対象」として見るのではなく、「連携をする対象」として見ることが重要になります。

ABIでベースとなる日常生活には、保護者による家庭での子育てが含まれます。そのため、ABIでは保護者にも子どもに対する指導を求めることになります。しかし、ABIでは、家庭での日常生活を構造的に変えることを求めていません。むしろ、いまある日常生活のなかで、どの場面に着目し、いつ、どういったかかわりをするのかを具体的に保護者に提示することになります。つまり、保護者に指導を要求したり、プレッシャーを与えたりするものではなく、ともに考える姿勢を前提としています。ABIの視点から見る保護者との連携は、いろいろと助言はもらうけれど、「実際に私が何をしたらよいのかわからない」という保護者にとっては、手助けになると思われます。

ABIでは、保育者も保護者も子どもを支えるチームの一員として指導を進めます。保護者が積極的に保育に参加することにより、子どもの変化をつぶさに実感する機会を得られるでしょう。また、その結果として、保護者の養育行動の改善も期待できます。

近年、保護者を保育の協働者として位置づけた連携の意義が報告され（池本, 2014)、保護者の保育参加を促し、ともに子どもを保育するという傾向にあります。しかし、障害のある子どもや発達が気になる子どもにおいては、保護者の障害受容や課題の受けとめの程度によって、連携が難しい場合もあると思います。ABIがもたらす恩恵は、そういった保護者との連携を進め、ともに子どもの発達を喜び、子育ての充実感を得られることにあります。

2. 園内の職員間の連携

2007年に特殊教育から特別支援教育への転換が行われた際、学校現場（幼稚園を含む）にいくつかの要請がありました。そのなかには「障害児に関する高い専門性を持つこと」も含まれていましたが、それだけではありませんでした。むしろ重視されていたのは、「園内の保育者がつながり、園全体として子どもや保護者を支え、問題解決にあたること」でした。

なぜ、「障害に関する高い専門性を持つこと」だけではだめなのでしょうか？　この答えを考えるにあたっては“乳幼児期”という時期が一つのヒントになります。この頃の子どもたちは環境の変化にとても敏感です。ちょっとした日常生活の変化により、子どもたちが見せる姿も多様に変わります。たとえば、子どもの示す気になる行動に対して、「障害だから……」と決めつけてしまっていたところ、よくよくほかの先生と話していると、「仲のいいお友だちが最近休みだからね……」とか「最近引っ越して／お父さんが出張で／夫婦仲や親子仲が良くなくて、落ち着かないのかもね……」とハッとさせられることがあります。子どもの行動に影響を与える出来事は、生活のなかには無数にあるわけです。その可能性をていねいに探りながら対応を行うという、従来から保育者に求められてきた専門性が、障害の有無を問わずやはり大切なのです。

ABIでは、子どもの発達や生活上のニーズに基づき、支援を計画し、実施します。しかし、担任の先生一人でそれを行うことはとても大変です。余裕がなく、思い込みだけで支援が進むと「○○ちゃん、もっとこうしてほしいのになぁ」「なんで○○ちゃんは、これできないんだろう」といった一方的な思いを抱くことも少なくありません。これでは子どものニーズではなく、担任のニーズに基づいて支援が行われてしまいます。担任の先生にとって一番身近な同僚や管理職の先生と一緒に、さまざまな視点から子どもを理解し、捉えなおしていくことが求められます。またそれらは、3章で指摘した「目標の設定」や「評価」など、リンクシステムの4プロセスのすべてで必要なことです。

3. 関係機関との連携

わが国では発達上のリスクのある子どもとその保護者に、専門機関のなかで療育（専門的な支援）を受けてもらうことができるよう、健診を含めて早期発見・支援の仕組みが整えられてきました。また、子どもの支援に直接的に携わる専門家も「○○法」と呼ばれるような数多くの手法を海外から輸入したり、独自に開発したりしてきました。過去数十年にわたるこうした専門家側の努力は、子どもや保護者に一定の成果をもたらしてきました。しかし、「専門的な支援は専門的な場で」という発想が当事者である子どもや保護者に対してもたらした功罪（以下の3つ）も、私たちは考えなければいけません。

①子どもの発達促進を意図した働きかけが、家庭や保育所・幼稚園、専門機関の間でつながることなく、バラバラになってしまった

②スキルの獲得ばかりに焦点が当たり、生活を通してスキルを学ぶこと、あるいは生活のなかでスキルを活かすという側面が軽視されていた

③生まれ、育った地域で生活を送る子どもや家庭の生活上のニーズは、二の次になってしまっていた

ABIでは「スキルの獲得」だけでなく、「スキルの発揮」という側面をとても大切にしています。しかし、子どもの生活の“一部”でしかない各機関が、単独で努力しても限界があります。保育所・幼稚園と関係する専門機関の双方で、子どもがどのような環境のもと、どのような時間を過ごしているのかを共有し、相互に補い合うことで、子どものニーズに沿った支援が初めて可能になります。このためにも「アプローチを選択することに熱心になるだけでなく、子どもを取り巻くチームのメンバーが、お互いに子どもを育て、尊重し合う態度をもつこと」（プリティフロンザック・ブリッカー, 2011: p. 182）が求められます。

ABIの展開に向けては、保健師などの専門職種とも協力しながら、生活に関する情報を比較的得やすい保育者が、こうした役割を（ひとりで奮闘している保護者に代わって）担うことが必要です。

4. 小学校との連携

「もう小学生になったから遊ばないで、ちゃんと（机の上で）お勉強を……」という大人の声には、新たなステージに突入した子どもへの大きな期待が込められています。「直接経験を大切にする乳幼児期」と「抽象的な世界の小学校」という言葉もあるように、就学前後の環境とそこで子どもたちに求められる内容はずいぶんと変わります。“小学生のおにいさん・おねえさん”にふさわしい生活や学習のスキルを、どのように学び始めていくのかが、大人によって期待されているのです。

ただし、このように考えていくと、「小学校や特別支援学校がリンクシステム（アセスメント・目標の設定・介入・評価）のサイクルをきちんと回すことができれば、子どものニーズは扱われるのだから、わざわざ異領域の保育機関が、顔を出したり口出しする必要はない」と思うかもしれません。しかし、こうしたニーズを把握するには、思いのほか時間がかかるものです。また、新たに把握したニーズが、その子どもや家族にとってどのような意味をもつのかは、受け入れ直後の学校側には分からないことも多いでしょう。

たとえば、ある自閉症のお子さんについて、年長のころの担任の先生は「まずは大人やお気に入りのお友だちとのやりとりを大事にしよう」と思い、あまり無理せず友だち関係を作っていこうと対応していました。ところが就学後、友だちとのかかわりが少ないとみた小学校の先生は「クラスみんなと仲良くしよう！」と張り切ってしまいます。結果的に、あまり近づきたくない友だちも含めて密接な友だち関係が求められ、拒否反応が出てしまいました。友だち関係を強いる担任の先生との関係も悪くなる一方でした。

ABIアプローチが大切にしている、生活文脈と発達支援の双方を重視する視点が移行期にも求められることは、この事例からも十分うかがえます。子どもの経験とそこでの学びが就学を期にリセットされてしまうことを防ぐためにも、「どのような支援を、なぜ行っていたのか。そして、これまでの成果（あるいは失敗経験）」を、就学後の機関に伝えることが求められます。

引用文献

星山麻木・神山歩弓・星山雅樹（2005）「Individualized Family Service Plan（IFSP）の日本における適用の可能性：特別支援を必要とする乳幼児とその家族のために」『小児保健研究』64（6），785-790.
池本美香（2014）『親が参画する保育をつくる――国際比較調査をふまえて』勁草書房.
プリティフロンザック，K.，ブリッカー，D.（著）七木田敦・山根正夫（監訳）（2011）『子どものニーズに応じた保育――活動に根ざした介入』二瓶社.

☆事例編の見方

◉1ページ目

このページの上部には「もしこのままの支援が続いたら……」ということも含めて、保育者が抱えていた悩みが述べられています。下部には、ABIアプローチによる問題解決の方向性と主な支援方法が示されています。保育者のニーズと子どものニーズをどのように区別し、対応していけばよいのかについて、ここでまず大枠をつかみます。

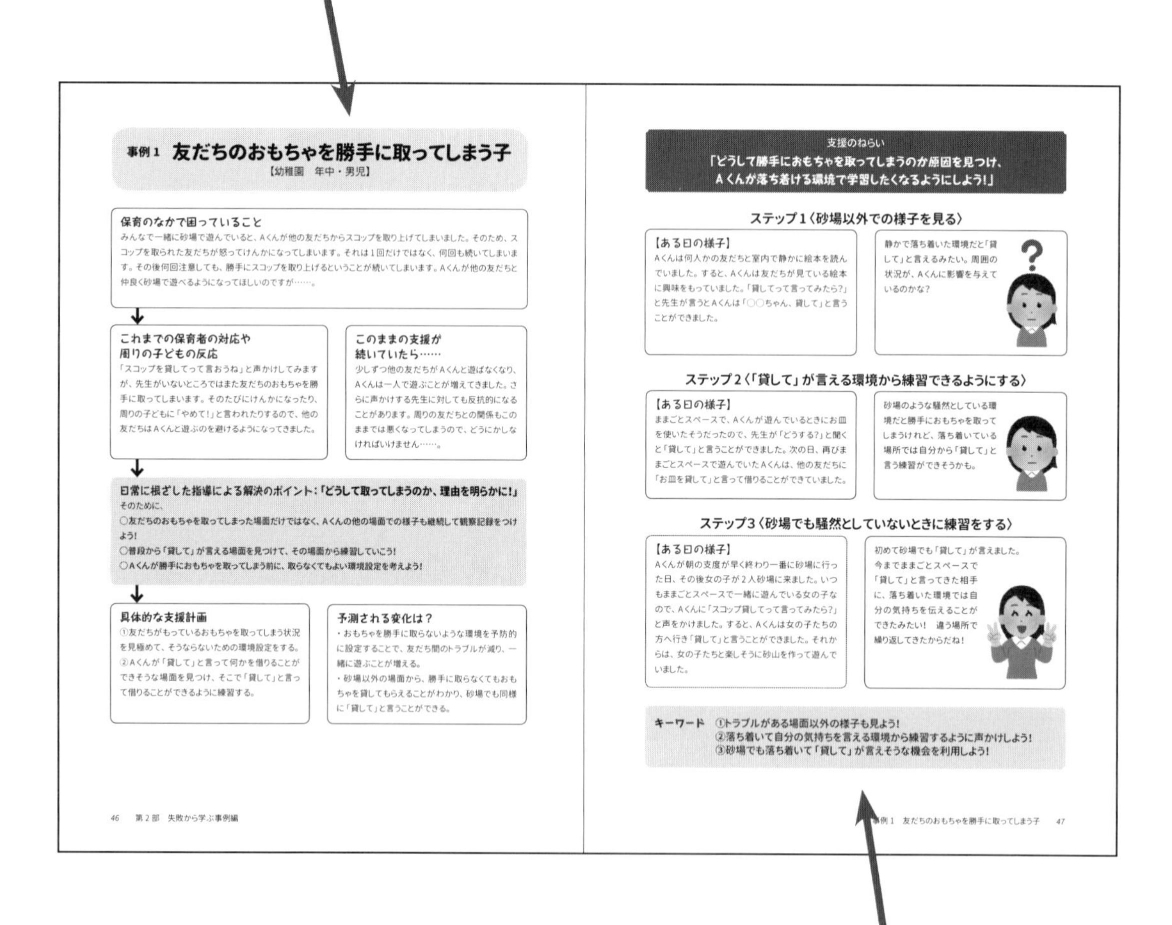

事例1　友だちのおもちゃを勝手に取ってしまう子
【幼稚園　年中・男児】

保育のなかで困っていること
みんなで一緒に砂場で遊んでいると、Aくんが他の友だちからスコップを取り上げてしまいました。そのため、スコップを取られた友だちが怒ってけんかになってしまいます。それは1回だけではなく、何回も続いてしまいます。その後何回注意しても、勝手にスコップを取り上げるということが続いてしまいます。Aくんが他の友だちと仲良く砂場で遊べるようになってほしいのですが……。

これまでの保育者の対応や周りの子どもの反応
「スコップを貸してって言おうね」と声かけしてみますが、先生がいないところではまた友だちのおもちゃを勝手に取ってしまいます。そのたびにけんかになったり、周りの子どもに「やめて!」と言われたりするので、他の友だちはAくんと遊ぶのを避けるようになってきました。

このままの支援が続いていたら……
少しずつ他の友だちがAくんと遊ばなくなり、Aくんは一人で遊ぶことが増えてきました。さらに声かけする先生に対しても反抗的になることがあります。周りの友だちとの関係もこのままでは悪くなってしまうので、どうにかしなければいけません……。

日常に根ざした指導による解決のポイント:「どうして取ってしまうのか、理由を明らかに!」
そのために、
○友だちのおもちゃを取ってしまった場面だけではなく、Aくんの他の場面での様子も継続して観察記録をつけよう!
○普段から「貸して」が言える場面を見つけて、その場面から練習していこう!
○Aくんが勝手におもちゃを取ってしまう前に、取らなくてもよい環境設定を考えよう!

具体的な支援計画
①友だちがもっているおもちゃを取ってしまう状況を見極めて、そうならないための環境設定をする。
②Aくんが「貸して」と言って何かを借りることができそうな場面を見つけ、そこで「貸して」と言って借りることができるように練習する。

予測される変化は?
・おもちゃを勝手に取らないような環境を予防的に設定することで、友だち間のトラブルが減り、一緒に遊ぶことが増える。
・砂場以外の場面から、勝手に取らなくてもおもちゃを貸してもらえることがわかり、砂場でも同様に「貸して」と言うことができる。

46　第2部　失敗から学ぶ事例編

支援のねらい
「どうして勝手におもちゃを取ってしまうのか原因を見つけ、Aくんが落ち着ける環境で学習したくなるようにしよう!」

ステップ1〈砂場以外での様子を見る〉

【ある日の様子】
Aくんは何人かの友だちと室内で静かに絵本を読んでいました。すると、Aくんは友だちが見ている絵本に興味をもっていました。「貸してって言ってみたら?」と先生が言うとAくんは「○○ちゃん、貸して」と言うことができました。

静かで落ち着いた環境だと「貸して」と言えるみたい。周囲の状況が、Aくんに影響を与えているのかな?

ステップ2〈「貸して」が言える環境から練習できるようにする〉

【ある日の様子】
ままごとスペースで、Aくんが遊んでいるときにお皿を使いたそうだったので、先生が「どうする?」と聞くと「貸して」と言うことができました。次の日、再びままごとスペースで遊んでいたAくんは、他の友だちに「お皿を貸して」と言って借りることができていました。

砂場のような騒然としている環境だと勝手におもちゃを取ってしまうけれど、落ち着いている場所では自分から「貸して」と言う練習ができそうかも。

ステップ3〈砂場でも騒然としていないときに練習をする〉

【ある日の様子】
Aくんが朝の支度が早く終わり一番に砂場に行った日、その後女の子が2人砂場に来ました。いつもままごとスペースで一緒に遊んでいる女の子なので、Aくんに「スコップ貸してって言ってみたら?」と声をかけました。すると、Aくんは女の子たちの方へ行き「貸して」と言うことができました。それからは、女の子たちと楽しそうに砂山を作って遊んでいました。

初めて砂場でも「貸して」が言えました。今までままごとスペースで「貸して」と言ってきた相手に、落ち着いた環境では自分の気持ちを伝えることができたみたい!　違う場所で繰り返してきたからだね!

キーワード　①トラブルがある場面以外の様子も見よう!
②落ち着いて自分の気持ちを言える環境から練習するように声かけしよう!
③砂場でも落ち着いて「貸して」が言えそうな機会を利用しよう!

事例1　友だちのおもちゃを勝手に取ってしまう子　47

◉2ページ目

1ページ目に示したABIアプローチによる問題解決のポイントに沿って、実際に保育者が導入した手法が紹介されています。事例によっては、具体的な支援方法だけでなく、「どのように実態把握をすればよいのか」「どのように目標を定めればいいのか」ということについても説明が行われています。

◉3ページ目

それぞれ特有の発達的課題を持つ幼児に対して、ABIアプローチを用いることの意義が説明されています。また、保育現場でABIアプローチを効果的に用いる際に求められる、ほかの視点（例えば、家庭・専門機関・小学校との連携等）についても説明を加えました。

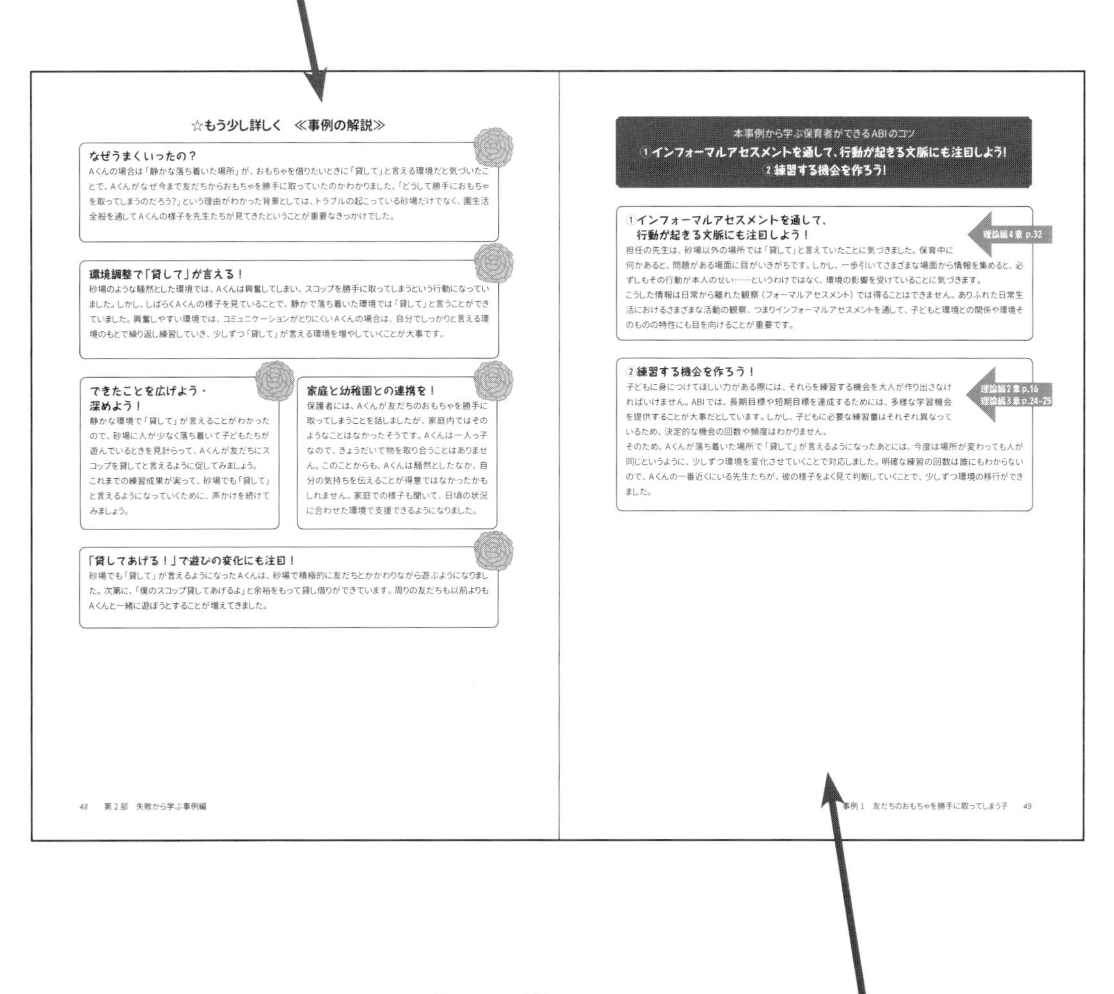

☆もう少し詳しく　≪事例の解説≫

なぜうまくいったの？

Aくんの場合は「静かな落ち着いた場所」が、おもちゃを借りたいときに「貸して」と言える環境だと気づいたことで、Aくんがなぜ今まで友だちからおもちゃを勝手に取っていたのかわかりました。「どうして勝手におもちゃを取ってしまうのだろう?」という理由がわかった背景としては、トラブルの起こっている砂場だけでなく、園生活全般を通してAくんの様子を先生たちが見てきたということが重要なきっかけでした。

環境調整で「貸して」が言える！

砂場のような騒然とした環境では、Aくんは興奮してしまい、スコップを勝手に取ってしまうという行動になっていました。しかし、しばらくAくんの様子を見ていることで、静かで落ち着いた環境では「貸して」と言うことができていました。興奮しやすい環境では、コミュニケーションがとりにくいAくんの場合は、自分でしっかりと言える環境のもとで繰り返し練習していき、少しずつ「貸して」が言える環境を増やしていくことが大事です。

できたことを広げよう・深めよう！

静かな環境で「貸して」が言えることがわかったので、砂場に人が少なく落ち着いて子どもたちが遊んでいるときを見計らって、Aくんが友だちにスコップを貸してと言えるように促してみましょう。これまでの練習成果が実って、砂場でも「貸して」と言えるようになっていくために、声かけを続けてみましょう。

家庭と幼稚園との連携を！

保護者には、Aくんが友だちのおもちゃを勝手に取ってしまうことを話しましたが、家庭内ではそのようなことはなかったそうです。Aくんは一人っ子なので、きょうだいで物を取り合うことはありません。このことからも、Aくんは騒然としたなか、自分の気持ちを伝えることが得意ではなかったかもしれません。家庭での様子も聞いて、日頃の状況に合わせた環境で支援できるようになりました。

「貸してあげる！」で遊びの変化にも注目！

砂場でも「貸して」が言えるようになったAくんは、砂場で積極的に友だちとかかわりながら遊ぶようになりました。次第に、「僕のスコップ貸してあげるよ」と余裕をもって貸し借りができています。周りの友だちも以前よりもAくんと一緒に遊ぼうとすることが増えてきました。

48　第2部　失敗から学ぶ事例編

本事例から学ぶ保育者ができるABIのコツ

①インフォーマルアセスメントを通して、行動が起きる文脈にも注目しよう!

②練習する機会を作ろう!

①インフォーマルアセスメントを通して、行動が起きる文脈にも注目しよう！

理論編4章 p.32

担任の先生は、砂場以外の場所では「貸して」と言えていたことに気づきました。保育中に何かあると、問題がある場面に目がいきがちです。しかし、一歩引いてさまざまな場面から情報を集めると、必ずしもその行動が本人のせい……というわけではなく、環境の影響を受けていることに気づきます。

こうした情報は日常から離れた観察（フォーマルアセスメント）では得ることはできません。ありふれた日常生活におけるさまざまな活動の観察、つまりインフォーマルアセスメントを通して、子どもと環境との関係や環境そのものの特性にも目を向けることが重要です。

②練習する機会を作ろう！

理論編2章 p.16
理論編3章 p.24-25

子どもに身につけてほしい力がある際には、それらを練習する機会を大人が作り出さなければいけません。ABIでは、長期目標や短期目標を達成するためには、多様な学習機会を提供することが大事だとしています。しかし、子どもに必要な練習量はそれぞれ異なっているため、決定的な機会の回数や頻度はわかりません。

そのため、Aくんが落ち着いた場所で「貸して」が言えるようになったあとには、今度は場所が変わっても人が同じというように、少しずつ環境を変化させていくことで対応しました。明確な練習の回数は誰にもわからないので、Aくんの一番近くにいる先生たちが、彼の様子をよく見て判断していくことで、少しずつ環境の移行ができました。

事例1　友だちのおもちゃを勝手に取ってしまう子　49

◉4ページ目

ここでは各事例のポイントについて、理論編（10～37ページ）で述べられている内容とリンクさせながら、あらためて説明が行われています。事例の成功を支えるヒントを、適宜理論編に立ち返りながら確認すると理解が深まるでしょう。

事例1　友だちのおもちゃを勝手に取ってしまう子

【幼稚園　年中・男児】

保育のなかで困っていること

みんなで一緒に砂場で遊んでいると、Aくんがほかの友だちからスコップを取り上げてしまいました。そのため、スコップを取られた友だちが怒ってけんかになってしまいます。それは1回だけではなく、何回も続いてしまいます。その後何回注意しても、勝手にスコップを取り上げるということが続いています。Aくんがほかの友だちと仲良く砂場で遊べるようになってほしいのですが……。

これまでの保育者の対応や周りの子どもの反応

「スコップをかしてって言おうね」と声かけしてみますが、先生がいないところではまた友だちのおもちゃを勝手に取ってしまいます。そのたびにけんかになったり、周りの子どもに「やめて！」と言われたりするので、ほかの友だちはAくんと遊ぶのを避けるようになってきました。

このままの支援が続いていたら……

少しずつほかの友だちがAくんと遊ばなくなり、Aくんは一人で遊ぶことが増えてきました。さらに声かけする先生に対しても反抗的になることがあります。周りの友だちとの関係もこのままでは悪くなってしまうので、どうにかしなければいけません……。

日常に根ざした指導による解決のポイント：「どうして取ってしまうのか、理由を明らかに！」

そのために、

◉友だちのおもちゃを取ってしまった場面だけではなく、Aくんのほかの場面での様子も継続して観察記録をつけよう！

◉普段から「かして」が言える場面を見つけて、その場面から練習していこう！

◉Aくんが勝手におもちゃを取ってしまう前に、取らなくてもよい環境設定を考えよう！

具体的な支援計画

①友だちがもっているおもちゃを取ってしまう状況を見極めて、そうならないための環境設定をする。

②Aくんが「かして」と言って何かを借りることができそうな場面を見つけ、そこで「かして」と言って借りることができるように練習する。

予測される変化は？

・おもちゃを勝手に取らないような環境を予防的に設定することで、友だち間のトラブルが減り、一緒に遊ぶことが増える。

・砂場以外の場面から、勝手に取らなくてもおもちゃをかしてもらえることがわかり、砂場でも同様に「かして」と言うことができる。

支援のねらい
「どうして勝手におもちゃを取ってしまうのか原因を見つけ、Aくんが落ち着ける環境で学習したくなるようにしよう!」

ステップ1〈砂場以外での様子を見る〉

【ある日の様子】
Aくんは何人かの友だちと室内で静かに絵本を読んでいました。すると、Aくんは友だちが見ている絵本に興味をもっていました。「かしてって言ってみたら?」と先生が言うと、Aくんは「○○ちゃん、かして」と言うことができました。

静かで落ち着いた環境だと「かして」と言えるみたい。周囲の状況が、Aくんに影響を与えているのかな?

ステップ2〈「かして」が言える環境から練習できるようにする〉

【ある日の様子】
ままごとスペースでAくんが遊んでいるときにお皿を使いたそうだったので、先生が「どうする?」と聞くと「かして」と言うことができました。次の日、再びままごとスペースで遊んでいたAくんは、ほかの友だちに「お皿をかして」と言って借りることができていました。

砂場のような騒然としている環境だと勝手におもちゃを取ってしまうけれど、落ち着いている場所では自分から「かして」と言う練習ができそうかも。

ステップ3〈静かな砂場で練習をする〉

【ある日の様子】
Aくんが朝の支度が早く終わり一番に砂場に行くと、後から女の子が2人砂場に来ました。いつもままごとスペースで一緒に遊んでいる女の子なので、Aくんに「スコップかしてって言ってみたら?」と声をかけました。すると、Aくんは女の子たちの方へ行き「かして」と言うことができました。それからは、女の子たちと楽しそうに砂山を作って遊んでいました。

初めて砂場でも「かして」が言えました。今までままごとスペースで「かして」と言ってきた相手に、落ち着いた環境では自分の気持ちを伝えることができたみたい!　違う場所で繰り返してきたからだね!

キーワード　①トラブルがある場面以外の様子も見よう!
②落ち着いて自分の気持ちを言える環境から練習するように声かけしよう!
③砂場でも落ち着いて「かして」が言えそうな機会を利用しよう!

☆もう少し詳しく　≪事例の解説≫

なぜうまくいったの？

Aくんの場合は「静かな落ち着いた場所」が、おもちゃを借りたいときに「かして」と言える環境だと気づいたことで、Aくんがなぜ今まで友だちからおもちゃを勝手に取っていたのかわかりました。「どうして勝手におもちゃを取ってしまうのだろう?」という理由がわかった背景としては、トラブルの起こっている砂場だけでなく、園生活全般を通してAくんの様子を先生たちが見てきたということが重要なきっかけでした。

環境調整で「かして」が言える！

砂場のような騒然とした環境では、Aくんは興奮してしまい、スコップを勝手に取ってしまうという行動になっていました。しかし、しばらくAくんの様子を見ていることで、静かで落ち着いた環境では「かして」と言うことができていました。興奮しやすい環境ではコミュニケーションがとりにくいAくんの場合は、自分でしっかりと言える環境のもとで繰り返し練習していき、少しずつ「かして」が言える環境を増やしていくことが大事です。

できたことを広げよう・深めよう！

静かな環境で「かして」が言えることがわかったので、砂場に人が少なく落ち着いて子どもたちが遊んでいるときを見計らって、Aくんが友だちにスコップをかしてと言えるように促してみましょう。
これまでの練習成果が実って、砂場でも「かして」と言えるようになっていくために、声かけを続けてみましょう。

家庭と幼稚園との連携を！

保護者には、Aくんが友だちのおもちゃを勝手に取ってしまうことを話しましたが、家庭内ではそのようなことはなかったそうです。Aくんは一人っ子なので、きょうだいで物を取り合うことはありません。このことからも、Aくんは騒然としたなか、自分の気持ちを伝えることが得意ではなかったかもしれません。家庭での様子も聞いて、日頃の状況に合わせた環境で支援できるようになりました。

「かしてあげる！」で遊びの変化にも注目！

砂場でも「かして」が言えるようになったAくんは、砂場で積極的に友だちとかかわりながら遊ぶようになりました。次第に、「僕のスコップかしてあげるよ」と余裕をもって貸し借りができています。周りの友だちも、以前よりAくんと一緒に遊ぼうとすることが増えてきました。

本事例から学ぶ保育者ができるABIのコツ

①インフォーマルアセスメントを通して、行動が起きる文脈にも注目しよう!
②練習する機会を作ろう!

①インフォーマルアセスメントを通して、行動が起きる文脈にも注目しよう！

理論編4章 p.35

担任の先生は、砂場以外の場所では「かして」と言えていたことに気づきました。保育中に何かあると、問題がある場面に目がいきがちです。しかし、一歩引いてさまざまな場面から情報を集めると、必ずしもその行動が本人のせい……というわけではなく、環境の影響を受けていることに気づきます。
こうした情報は日常から離れた観察（フォーマルアセスメント）では得ることはできません。ありふれた日常生活におけるさまざまな活動の観察、つまりインフォーマルアセスメントを通して、子どもと環境との関係や環境そのものの特性にも目を向けることが重要です。

②練習する機会を作ろう！

理論編2章 p.19
理論編3章 p.27-28

子どもに身につけてほしい力がある際には、それらを練習する機会を大人が作り出さなければいけません。ABIでは、長期目標や短期目標を達成するためには、多様な学習機会を提供することが大事だとしています。しかし、子どもに必要な練習量はそれぞれ異なっているため、決定的な機会の回数や頻度はわかりません。
そのため、Aくんが落ち着いた場所で「かして」が言えるようになったあとには、今度は場所が変わっても人が同じというように、少しずつ環境を変化させていくことで対応しました。明確な練習の回数は誰にもわからないので、Aくんの一番近くにいる先生たちが、彼の様子をよく見て判断していくことで、少しずつ環境の移行ができました。

事例 2 靴の左右がわからない子

【保育園　年長・男児】

保育のなかで困っていること

B 児は、全般的な発達の遅れがあるようです。就学を控えた年長ということもあり、特に保育者としては日常の生活に必要な基本的なスキルである衣服の着脱について、卒園までには一人でできるようになってほしいなと思っています。特に靴の左右を履き間違えることが多いです。B 児自身は困っていないのですが、私としては正しく履けるようになってほしいなと思うのですが……。

これまでの保育者の対応や周りの子どもの反応

これまでは靴を履くということ自体が難しく、かかとのところにリングをつけて、ようやく自分で履くことができました。次のステップとして、今度は左右が正しく靴を履けるようになることを願っています。ただ、子ども自身に間違っているという意識がないため、正しく履けるようになるのか心配です。

このままの支援が続いていたら……

言葉による指示理解は難しいようなので、何か視覚的な手がかりを用いた支援が必要だと思います。でも、どうしたらいいのでしょうか。私だけではいいアイデアが思い浮かびません。

日常に根ざした指導による解決のポイント：

「靴を履けないという状態像ではなく、もっと子どもの理解の実態を把握して支援を考えよう!」

そのために、

◉B 児の好きなものやことを確認しよう!

◉保護者の意見も取り入れ、さらに共同しながら支援を考えよう!

◉自らわかった、できたと思えるように、支援を考えよう!

具体的な支援計画

①視覚的な手がかりを靴につける。

②わかりやすい言葉がけをそえて、靴の左右の正しい履き方を教える。

③保護者の意見も聞きながら支援方法を考え、またモニタリングしつつ、適宜修正しながら実施する。

予測される変化は？

・自分の好きなイラストがついている靴をしっかり見て、左右を間違えずに履くことができる。

・保育者や保護者からほめられ、また正しく履こうという意欲をもてる。

支援のねらい

「本児の理解の実態に合わせて、靴を正しく履く支援を考えよう!」

ステップ1〈靴の右側に好きなクルマのイラストがあったらわかるかな?〉

【ある日の様子】
靴の左右を間違えることは母親も気にしており、ある日、右の靴のつま先部分にB児の好きなクルマの絵を描いてきました。しかし、この絵を指さしながら「クルマが、お箸をもつ側だよ」と伝えても、意識することなく左右逆に履いてしまいました（53ページ写真1）。

イラストがあると指示しやすく、B児も理解しやすいかと思ったけど、まったく理解につながっていなかったわ。

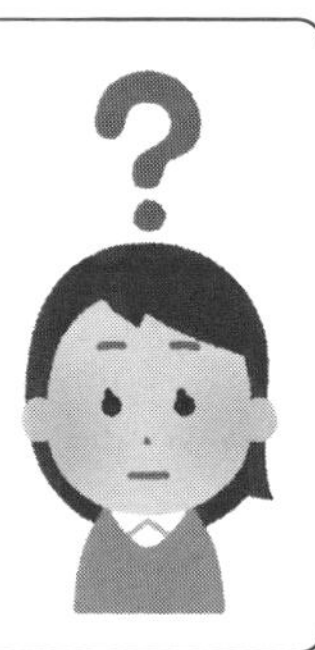

ステップ2〈内側にイラストがあって合わせると大好きな日の丸になるとわかるかな?〉

【ある日の様子】
母親にこのイラストと指示ではうまくいかなかったことを伝え、一緒にどうしたらよいか話し合いました。その際、B児が今一番興味がある遊びは国旗のパズルで、日本の旗を見て「ジャパーン」と毎日言っていることから、左右正しくそろったら日の丸が完成するように絵を描いてみました。しかし、できあがったものはとても日の丸を連想できるものではなく、B児に提示したところ、意識して見ておらず理解できませんでした（53ページ写真2）。

イメージを形にするのって難しいですね。視覚的な手がかりがあればいいというものではなく、どのように言葉がけするかも重要だし……。

ステップ3〈大好きな日の丸がいつでもつま先のところに見えるとわかるかな?〉

【ある日の様子】
再び母親と作戦会議を開き、両方の靴のつま先に小さく日の丸を描き、「ジャパーンがピッタンコだね!」と言いながら提示したところ、B児は絵を意識して揃えて靴を置き間違えずに履くことができました。またこれ以降、自分で「ジャパーン」といいながら、左右正しく履くことができるようになりました（53ページ写真3）。

2回にわたり、お母さんと一緒にB児の支援を考えることができたのはとてもよかった。日の丸のイラストを靴に描き、降園時にお母さんの前でうまく履けたときは、思わずお母さんとハイタッチして喜びました。

キーワード　①子どもの好きなものや得意を活かした視覚的支援を考えよう!
②保護者と連携しながら支援方法を考えよう!

☆もう少し詳しく　≪事例の解説≫

なぜうまくいったの？

この事例では何といっても、保護者の困りに保育者が寄り添い、一緒に問題解決を図ったことが成功の大きな要因です。また、失敗を恐れず、むしろその子にあった支援を根気よく探っていったことも大切です。Ｂ児は正しく履けたことをうれしいというような自覚にまではつながらなかったようですが、目の前で左右を正しく靴を履く瞬間を見ていた保護者がとてもうれしいという気持ちになれたのは、何事にも代えがたいステキなことです。

「靴を履く」ということに関するその他のポイント

靴を正しく履けないという実態には、いろいろな原因が考えられます。Ｂ児は左右がわからないということでしたが、そもそも靴を靴箱から出したときに、裏返ったり向きがばらばらになってしまった結果、揃えて置けなかったり、履くときに体のバランスを崩してうまくできないという子も保育場面で多く見かけます。前者は靴の足型を描いた紙をラミネートしたものを床に置いてその上に揃えて置けるような支援を、後者は座って履けるように靴箱のそばに椅子を置いておくような支援をすることなども考えられます。またＢ児で取り入れていたように、靴に足を入れることができても、なかなか後端のでっぱり部のみをもってかかとを入れるのが難しい子どもには、かかとの部分にリングやひもをつけてもちやすくする支援も有効です。靴を靴箱にしまうときに左右逆にならないように、靴箱のなかにも靴のイラストを描いておき、その上にマッチングして置くようにするのも左右を間違えなくするための工夫としてよいでしょう。

保護者の考えに寄り添って！

本事例では、Ｂ児自身に困っている感覚がない分、保護者もどうしてよいかわからず、とりあえずわかりやすそうということで最初は右側だけのイラストを描く手段をとったのですが、その後担任保育者は、保護者の困りに寄り添い一緒に問題解決することができました。このような支援の糸口や手段を探る際に、保護者の困りに寄り添うことは大切です。

ただし、なかには保育者側が有効ではないかと思う支援であっても、保護者の思いと違ってなかなか実行できないこともあるかもしれません。たとえば、何か子どもができたときにそのがんばりを認めるため、手の甲に好きなキャラクターをマジックで描いてあげたりハンコを押したりすることがありますが、保護者のなかにはそれをとても嫌がる方もいます。また本事例のように所持品にイラストや名前を書くことを、「不要になったときにリセールができなくなるから」という理由で怒る保護者もいました。考え方の不一致で一番迷惑するのは子どもです。保護者の考えに寄り添うことは簡単なことではないですが、とても大事ですね。

実は大切な言葉がけ

本事例では、あたかもイラストによる視覚的な支援が功を奏したように捉えられがちですが、実際の支援の場面では、保育者が無言で見ているだけではないというのは想像に難くないでしょう。保育者は、靴の日の丸のイラストを指さしながら、「ほら見て。ジャパーンがピッタンコだね」とＢ児の理解レベルに応じた言葉がけをしていました。このように有効な支援を行うためにも、発達の全般にわたる的確な実態把握はとても大事です。

本事例から学ぶ保育者ができるABIのコツ

①子どもの好きなものや得意を活かした視覚的支援を考えよう!
②保護者と連携しながら支援方法を考えよう!

①子どもの好きなものや得意を活かした視覚的支援を考えよう!

理論編3章 p.25

B児のように靴の左右を間違えることは、発達に気がかりがない子どもにも見られることです。そのような子どものために、市販の靴でも視覚的な手がかりがあらかじめあるものが店頭で売られるようになりました。

しかし、それが適切な視覚的手がかりとして有効かどうかは、やはり子どもの興味・関心によって違ってきます。

また先述のように、子どもの言語理解レベルに応じた言葉がけもあわせて重要です。

「発達障害のある子ども＝視覚的支援」というステレオタイプな定式化された支援の考え方ではなく、目の前の子どもの実態から支援を考えるというあたりまえのことを、今一度大切にしたいです。そのための実態把握の方法として、理論編４章のような観点は参考になります。

②保護者と連携しながら支援方法を考えよう!

理論編3章 p.22-24
事例編 p.40

連携というと、ある支援の前後に考えを聞いたり、結果を伝えたりすることにとどまっている実態が少なくありません。しかし、本当に必要な連携とは、保育園でも家庭でもできる支援を一緒に考えていくことです。本事例では、保育園において保護者と保育者とが一緒に靴に描く視覚的手がかりは何がいいかを考えました。また、言葉がけやほめ方など、どうやってこの靴を用いながら指導するのかという具体的なポイントまで共通認識をもつことができました。保護者は家庭においても同じ方法で支援をすることができます。

こうすることで、実効性がある支援につながるだけでなく、保護者も自分が育児に積極的に参画しているという意識をもつことができ、子どもの成長に「できた」という効力感をもつことができます。

理論編2章にあるように、具体的な支援計画に位置づけられるような、保護者の参画についても前提とした、保護者の気持ちに寄り添う支援ができるとよいですね。

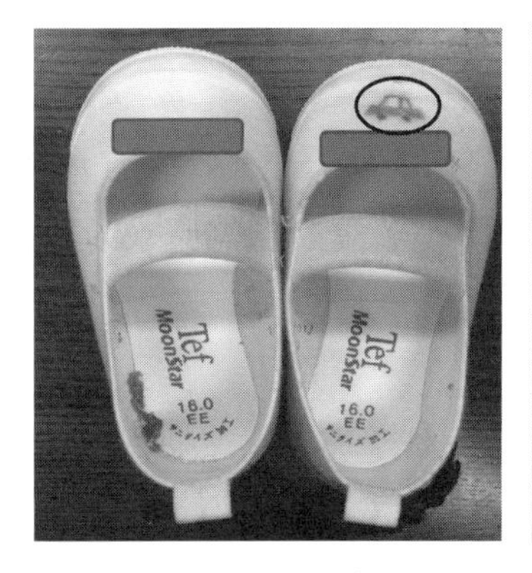

写真１　右側にクルマの絵をつける

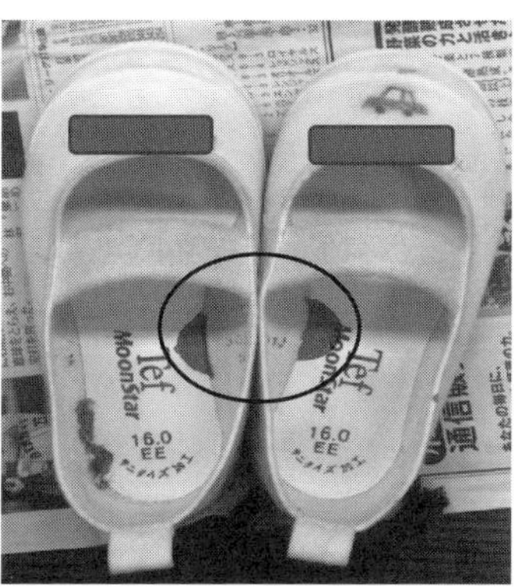

写真２　内側に日の丸の絵をつける

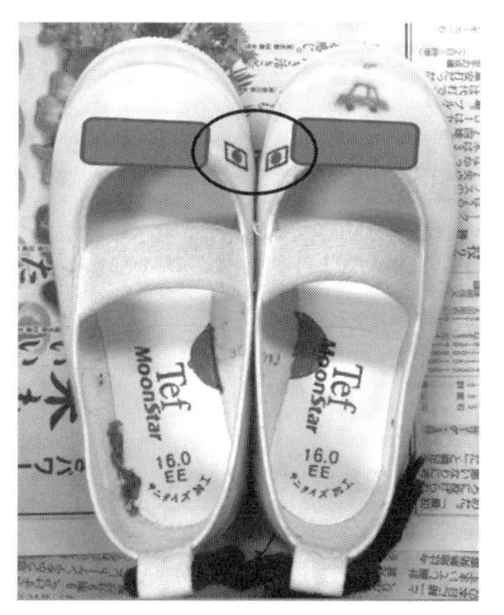

写真３　つま先に日の丸の絵をつける

事例３　はさみを使うとぐじゃぐじゃになってしまう子

【保育所　年中・女児】

保育のなかで困っていること

Cさんは友だちとかかわることが少なく物静かで、一人で遊ぶのが好きな子です。手先の細かい動きに不器用さが見られ、折り紙をしたり、絵を描いたりといった活動が苦手でした。特に、はさみを使うときには、線に沿ってうまく切れないばかりか、紙がぐじゃぐじゃになってしまいます。Cさんがはさみを使えるようにしたいのですが……。

これまでの保育者の対応や周りの子どもの反応

Cさんがはさみを使うときには、後ろから手をもって一緒に切るようにしました。Cさんは安心して活動に取り組む様子を見せてくれました。

ただ、集いの時間に行う製作のときには、Cさんだけでなく、ほかの子にも目を配ります。ほかの子に対応している間、Cさんは何もせず、私が来るまでじっと待っています。そして、私が来たらようやく製作をしようとする様子でした。

このままの支援が続いていたら……

まずはCさんが安心してできるようにと思っていましたが、私がいないと製作をしなくなっています。このままだと、自分ではさみを使う経験ができなくて、結局はさみを使う力が身につかないんじゃないかと不安になります。今はほかにも少し支援が必要な子どもたちもいますが、ほかの子どもたちに支援がいらなくなったときに、できないことが目立ってしまうことも不安に思っています。

日常に根ざした指導による解決のポイント：「Cさんが一人ではさみを使えるようにしよう！」

そのために、

◉Cさんがはさみを使いたくなるような遊びをしよう！

◉Cさんがはさみを使うときの課題を分析しよう！

◉Cさんがはさみを使いやすくなる工夫をしよう！

具体的な支援計画

①Cさんが好きなキャラクターの型紙と切り貼りノートを作り、隣で一緒にやる。

②Cさんがはさみを使う様子を観察し、課題を整理する。

③Cさんがはさみを使いやすくなるように工夫をする。

予測される変化は？

①先生も隣でやって見せることで、徐々に自分から取り組むようになる。

②先生がCさんの課題を整理して、次の手立てを考えることができる。

③Cさんがはさみを使いやすくなり、意欲をもって活動に取り組むことで、徐々に上達する。

支援のねらい

「Cさんが意欲的にはさみを使い、きれいに切れるようにしよう!」

ステップ1〈Cさんが好きなキャラクターの型紙と切り貼りノートを作る〉

【ある日の様子】

先生は、自由遊びの時間にCさんが好きなキャラクターの型紙と切り貼りノートを作って、Cさんに見せ、「先生と一緒にやろうか」と誘いました。先生が見本を見せる様子を隣でじっと見ているCさん。貼り終えたノートを見て笑顔です。

好きなキャラクターだし、喜んでやってくれるはず。苦手なことだから、友だちと一緒よりも私と二人のほうが安心すると思う。隣で見本を見せたらやってくれるかな?

ステップ2〈Cさんの課題を整理する〉

【ある日の様子】

先生は再びCさんを遊びに誘いました。先生がやる様子を隣で見ていたCさんも、おもむろにはさみを手にして慎重に切りすすめます。しかし、うまく切れず紙がぐじゃぐじゃになってしまいました。その様子を見た先生は、①右手でもつはさみが傾いていること、②キャラクターの形を切るとき左回りで切ること、が気になりました。そこで、右回りで切るように言ってみると、はさみが傾きにくくなり、前よりはきれいに切れるようになりました。

じっくり見てみると、Cさんの課題がわかった。右回りにするだけで、こんなに手の使い方が変わるんだ。知らなかったな。

ステップ3〈Cさんがはさみを使いやすくなるよう、左手の使い方に工夫をする〉

【ある日の様子】

Cさんはあれから熱心に遊びに取り組みました。意欲的に経験を積み、ちょっとずつ上達しています。先生は、Cさんの様子を見て、はさみをもつ右手だけでなく、紙をもつ左手が安定していないことも課題のように思えました。そこで、先生は最初の切り始めの場所と左手でもつ位置に印をつけて、そこをもつように伝えました。そして、半分ほど切りすすめたあとに、いったん切るのをやめて、左手をもち変えるように言いました。

はさみをもっている右手ばかりに目がいっていたけど、左手を見るのも大切だったのね。
意欲的にやれるような工夫をすると、ちょっとずつ上達してきてうれしいな。

キーワード　①練習ではなく、遊びのなかで経験できるようにしよう!
②じっくり観察して、その子の課題を整理してみよう!
③課題に合った工夫を考えて、活動への意欲をもたせよう!

☆もう少し詳しく　≪事例の解説≫

なぜうまくいったの？

はさみを使うとぐじゃぐじゃになってしまうCさんの事例でした。本事例では、先生がCさんの課題を整理できたことが成功の背景にあると考えられます。課題を整理する視点としては、「自信」「集中力」「経験」「動きの特徴」といったものがあります。先生は、Cさんとのかかわりのなかで、「集中力」はあるが、「自信」がないため、「経験」不足にあり、かつ「動きの特徴」として、右手と左手の使い方と切り方の手順に課題があることを発見しました。課題を整理したことによって、Cさんの意欲とスキルの改善につながったと考えられます。

スキルを意欲に追いつかせるために！

この事例では、当初、先生が後ろからCさんの手をもって一緒にやっていました。そのときは、Cさんは自分ではさみを使おうとはしませんでした。このことから、Cさんははさみを使うことに苦手意識をもっていたことが考えられます。さらに、周りに子どもたちがいると緊張もするため、よりはさみの使い方がぎこちなくなってしまうでしょう。はさみのスキルを獲得する道筋として、まずはCさんが安心して自ら意欲的に取り組めるような遊びの提示と先生と二人きりであるという環境を設定したことが成功の要因であったといえます。そうして、Cさんが意欲的に取り組める状況を作ったうえで、はさみをうまく使うための工夫をして、経験を積めるようにすることで、スキルを意欲に追いつかせることができたのです。

できたことを広げよう・深めよう！

Cさんは、はさみの使い方だけでなく、折り紙や絵を描くことも苦手です。そのため、微細運動系のスキル獲得全般に困難を抱えていると考えられます。本事例で、先生がCさんの課題を整理し、Cさんがはさみの使用に意欲的になった過程は、ほかの微細運動でも汎用できるでしょう。そこで、次のステップとしては、折り紙、描画など、Cさんに課題が生まれる活動において、Cさんの経験を広げるための工夫を考えることが挙げられます。

家庭と保育所との連携を！

家庭でのはさみの使用は、子どもの経験を大きく左右します。はさみは危ないので、あまり使わせたくないという家庭もあれば、子ども用のはさみを置いていない家庭もあります。そこで、子どもが一人で使っても危なくないはさみや、子どもが使い慣れたはさみを家庭でも使えるように連携をすることが大切になります。本事例でCさんが取り組んだ遊びは、家庭でもできることです。家庭でも同様の経験ができるように連携をもちましょう。

先生との関係性の変化にも注目！

Cさんは先生が近くにいてくれることで、安心して意欲的に遊びに取り組めたと思います。そして、はさみを使うことに自信が生まれてくると、そのうち先生がいなくてもできるようになるでしょう。そこで、Cさんがどういった過程を経て先生から離れていくのか、その変化を押さえておくことも、次のステップの指導にかかわってくると思われます。

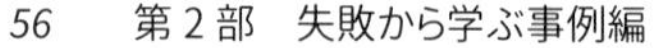

本事例から学ぶ保育者ができるABIのコツ
①インフォーマルアセスメントによる課題の整理
②オンゴーイングデータの活用

①インフォーマルアセスメントによる課題の整理

理論編4章 p.35-36

ABIでは、リンクシステムとして、アセスメント、目標の設定、介入、評価というプロセスに基づいて指導が実施されます。そのうち最初のアセスメントについては、標準化された発達のチェックリスト（フォーマルアセスメント）だけでなく、子どもの観察（インフォーマルアセスメント）も重要です。何より、どのような形であれ、「まず子どもを見ること」によって理解することが最優先されます。子どもの課題に直面したとき、最初に考えるのは、「どのように介入したらよいか」だと思います。しかし、有効な介入を考えるうえで、アセスメントと課題の整理は欠かせません。なお本事例では、Cさんの担任の先生一人が、アセスメントと課題の整理を行いましたが、ABIでは基本的にこのリンクシステムのプロセスをチームで行います。

②オンゴーイングデータの活用

理論編3章 p.29

ステップ3で、保育者は「紙をもつ左手が安定していないことも課題」というように、新たな課題に気づいています。これは、子どもがはさみを使うたびに毎日記録を取り続けたことの結果でした。このように、オンゴーイングデータは、子どもが目指すスキルに向かって着実に成長しているかを確認し、次に向かうために活用されるべきものです。

コラム　ー発達性協調運動障害ー

発達性協調運動障害（Developmental coordination disorder）とは、明白な身体障害や体験不足などの諸要因を除いても、日常の活動の動作の獲得や遂行について、児の生活年齢および知的能力から期待される水準より著しく低く、その程度が学業成績または日常生活の活動を明らかに障害している状態を指します。
発達性協調運動障害の質的評価法として、一般的に用いられるアセスメントであるMovement Assessment Battery for Children（MABC）では、下記の4つにセクションが分けられ、それぞれに子どもの不器用さの程度が評定されます。

①「静的環境における静止運動」（子どもは動いておらず止まっていて、環境も変化しない状態）
②「静的環境における移動運動」（子どもは動いており環境が変化しない状態）
③「動的環境における静止運動」（子どもは動いていないが環境が常に変化しつつある状態）
④「動的環境における移動運動」（子どもは動いておりかつ環境も常に変化しつつある状態）

本事例のCさんが苦手としたはさみの使用は①にあたります。不器用な子どもの課題を検討するとき、どのような状態で困難さが起こるのかを考えるうえで役に立つでしょう。

事例４ 教室を勝手に出て行ってしまう子

【幼稚園　年長・男児】

保育のなかで困っていること

Dくんは、製作やお絵描きは集中してやることができますが、自由遊びや椅子に座って先生の話を聞かなければならないときには、保育者の目を盗んで、教室を飛び出します。近くには国道もあり、園を飛び出して外に出ると危険なため、4月からは新たに加配の保育士を配置しました。飛び出そうとすると制止するのですが、それが減ることはありません。

これまでの保育者の対応や周りの子どもの反応

外に出ると危険なので、必ず保育士があとを追って教室に戻します。その際には、教室を出てはダメだと何度も言い聞かせてはいます。また、教室を出にくいようにと出口から遠い席に座らせています。このごろはDくんの脱走を機にほかの子も走り出てしまうこともあります。園長は、ドアの内側からカギをかけてはどうかと言うのですが……。

このままの支援が続いていたら……

教室を勝手に出てしまうことで保育士がついてくるので、Dくんは喜んですることが多くなるでしょう。対応する加配の保育士は、Dくんが教室に出ることをやめさせるために雇われたので、それをさせないように一所懸命になり、Dくんの困り感を本質的に理解する前に、教室を出るDくんは手を煩わせる悪い子、というイメージで見ることになるでしょう。

日常に根ざした指導による解決のポイント：「なぜ教室を出てしまうのか考えよう!」

部屋を出て行く様子を観察すると、

1. 保育士が追いかけてくるのを確認して逃げる
2. いつも同じ場所に逃げる
3. ザワザワすると逃げる

保育士から逃げるDくん

具体的な支援計画

①教室の中がザワザワしたら、落ち着かなくなるので、まずは様子を観察する。

②保育士のかかわりが少なくなると、注意が集中できなくなるので、かかわりに配慮をする。

③追いかけられることを喜ぶので、教室の外まで追いかけない（ただ出て行くときに注意の喚起はする）。

予測される変化は？

①教室の中では、落ち着いて活動に参加できるようになり、注意の集中時間が長くなるでしょう。

②保育士がかかわることで、自分を肯定的に捉えることができるようになるでしょう。

③いつもなら追いかけてくる保育士が追いかけてこないので、何度かは「ためし行動」をするでしょうが、逃げること自体が面白くなくなるので、教室から逃げることは少なくなるでしょう。

支援のねらい

「逃げていく理由を考え、子どもの悪循環に陥らないようにしよう！」

ステップ１〈環境やかかわりを確認する〉

【ある日の様子】

Dくんの周りには、いつも保育士が何人かいて、離席や飛び出しが起きそうになると、「Dくん！」と注意します。他児も、同じように保育士の口まねをして、悪いことをすると、すぐに「Dくん、だめだよ」と言うようになりました。Dくんにかかわりあうと、保育が停滞して、周りの子どもがザワザワしてしまいます。

さわがしい教室

ステップ２〈充実したかかわりをこころがける〉

【ある日の様子】

オタマジャクシをお絵描きしたDくんに、「大きいオタマジャクシだね」「大きくなると何になるか知ってる?」「（他児に向かって）見て、Dくんのオタマジャクシ、大きいよ!」などと声をかけ、保育士と気持ちがつながっていることを確認しました。他児の適切な視線を浴びて、Dくんもうれしそうな表情です。

居心地のいい教室

ステップ３〈自分の話も聞いてもらえる安心感をもたせる〉

【ある日の様子】

月曜日の朝。お母さんから強く叱責されたDくんは、落ち着きがなさそうな雰囲気です。朝の挨拶や、集まりの際に保育士の話が長くなると、ソワソワし出しました。その後、ちょっと立ち上がって、教室を出て行きそうな雰囲気です。でも、保育士が注意したり、そばに行くことはしないようにしました。保育士が「Dくん、日曜日はお母さんとどこに行ったの?」と話を向けると、思い直したように席に戻り、ニコニコと日曜日の出来事を話しました。

しっかりかかわってもらったり、注目を浴びることで、気持ちが落ち着くことがわかりました。タイミングをみて、声かけをしようと思います。

キーワード　①教室を飛び出す理由を考えよう！
②日常のかかわりを充実させよう！
③ポジティブな行動に関して、あたたかな視線を送ろう！

☆もう少し詳しく　≪事例の解説≫

なぜうまくいったの？

離席や教室から飛び出す行動は、他児にも影響を与えるために、すぐに対応しなければなりません。何か事故があると困るし、またほかの保護者の目もあるので、市役所に頼んで、加配の保育士を雇ってもらいました。でも、なぜ教室を飛び出すのか、という子どもの気持ちになって考えることで、いろいろなことが見えてきました。「逃げる子ども」を追いかけることは、むしろ「逃げる」行動に、もっと刺激を与えてしまうことがわかりました。

Dくん以外の子どもたちも大切な資源！

Dくんが教室を出て行くたびに、活動が中断し、保育士もイライラすることが、ほかの子どももわかっているようです。いつもは自分たちと楽しく遊んでいるDくんですが、教室にいるとなぜか途中で部屋を飛び出すので、他児も不思議に思っています。そのうち、保育士の口まねをして「ダメだよDくん！」「先生、またDくんがいけないことするよ!」と注意する声が多くなってきました。そのたびにDくんは、気まずそうな顔をしますが、周りから浮いた気持ちになっていたのだと思います。保育士が、Dくんのいい行動を見つけてほめたり、また作品をみんなの前で紹介してあげることで、まわりの子どものDくんに対する評価が変わりました。

充実したかかわりを心がけよう！

「いつも手がかかるDくん」というイメージで、保育士がかかわるときは、「ちゃんとやってるの?」と確認するようにかかわっていました。Dくんも、本当はもう少しかかわってもらいたいと思っていたに違いありません。

充実したかかわりをすることで、Dくんの気持ちも落ち着いてきたように思います。あわせて、他児とのかかわりも落ち着いてきたように思います。

苦手を確認！

Dくんが教室を出るときのことをよく考えてみましたが、教室の中がザワザワして、気持ちが落ち着かなくなったことも原因ですが、苦手な課題を出されたときに、逃げ出すことが多いような気がします。他児にとっては難しくない課題でも、Dくんにとっては支援が必要な課題であることが多かったような気がします。それからは課題の難易度を考え、難しい場合には保育士がやり方を説明し、理解できるように支援することを心がけました。

よいところにも注目！

どうしても注意が多くなるDくんですが、保育士もできるだけ「いいことさがし」をするように心がけましょう。これまで迷惑ばかりかけてきた子どもの場合、「いいところなんて、あったかな……」というように考えがちですが、どんな子どもでもいいところがあります。見つからないときには、ほかの先生と一緒に探してみましょう。

本事例から学ぶ保育者ができるABIのコツ

①データ（記録）を収集する！
②多様な学習機会を作り出す！

①データ（記録）を収集する！

理論編4章 p.35-36

ABIでは、子どもの課題のある行動に対応する前に、子どもの言葉や行動などについて、「いつ」「どこで」「誰が（対応）」「どのような結果が生じたか」を詳細に記録することが推奨されています。保育にかかわる人は、このデータ記録をもとに、その起こっている行動の原因を探ることが求められます。その後、「どのように支援するのか」「どのようにスケジュールを埋め込むか」「活動計画」が練られます。

本事例では、Dくんがなるべく同じ状況のなかで何度も繰り返し経験することを意図して、「設定活動」であった製作や朝の集いにおいて、対応についてルーチン化しました。そして、Dくんが落ち着ける環境になるように配慮しました。

※このように、子どもに身につけてもらいたいスキルに合った環境を考えるうえで、活動の特徴を考えることによって、子どもの経験の質を変えることができます。活動のタイプをどのように生かして工夫するのか、考えてみましょう。

②多様な学習機会を作り出す！

理論編2章 p.19
理論編3章 p.27-28

Dくんには製作や集まりの会などで、他児と同じようにやりたい意欲はあったのですが、それを表すのが上手ではありませんでした。そのため、保育士や周りの子どもからいつも注意されていました。外に出ていっても、連れ戻されるだけで何も問題は解決しませんでした。「逃げる」→「かかわってもらえる」というような誤った学習のルーチンにいたためだと思います。「部屋にいる」→「保育士からほめられる」というような行動の学習ができるようになるためには、望ましくない行動には保育士は過剰にかかわりあわない、という心構えが必要であることがわかりました。といっても無視をすることではありません。過剰に「ほめたり」「叱ったり」するのではなく、日常のかかわりでいいことがわかります。

コラム　ー共同注視の発達ー

言葉の獲得の前の段階で、親子や仲間関係での遊びのなかの「共同注視」の重要性が注目されてきました。共同注視とは、他者の注意の所在を理解し、その対象に対する他者の態度を共有することや、自分の注意の所在を他者に理解させ、その対象に対する自分の態度を他者に共有してもらう行動を指します。発達的には、6ヵ月齢では母親からの注意喚起による三項的相互作用への移行が見られ、7ヵ月齢以降は、乳児自身の遊びに母親が応答する形が多くなります。また、9ヵ月齢以降は、乳児は多様な社会的スキルを示すようになり、共同注意が成立します。ASD児では視線方向をはじめ、指さしなどの社会的な注意への理解・応答（あるいは「共同注意」への理解）は獲得されても、それら共同注意の産出には障害をもつと言われ、言語獲得の指標ともなります。

事例5　友だちとの会話がかみ合わない子
【幼稚園　年長・男児】

保育のなかで困っていること
Eくんは友だちとの会話がちぐはぐで、やりとりが続きません。特に自由遊びでは、友だちと同じ場にいても会話がありません。道路が描かれたカーペットの上で友だちと遊んでいた際には、友だちから「Eくん、車通るからどいてよ〜」と声をかけられますが、「かんかんかん、踏切とおりま〜す」と相手がいないかのように、関係ないことをしゃべり出します。もう年長なので、相手の気持ちを受け入れて一緒に遊んでほしいのですが……。

これまでの保育者の対応や周りの子どもの反応
友だちの思いに気づいてもらいたくて、「ねえねえEくん、●●くんが一緒に遊びたいって言っているよ」と声かけするようにしています。でも、振り向くことはあっても、やりとりすることはありません。優しい友だちが多くけんかになることはありませんが、友だちは何も言わずあきらめて遊びに戻ります。

このままの支援が続いていたら……
担任の先生の働きかけは、Eくんにまったく届いてないようです。このまま先生のかかわりが続けられた場合、先生のかかわりが嫌悪的になってしまい、この遊び場も「先生からの邪魔が入る嫌なところ」と捉えられてしまうかもしれません。友だちとの距離もより遠くなってしまうかもしれません。

日常に根ざした指導による解決のポイント：「協力して学びの芽を見逃さないようにしよう!」
そのために、
◉先に子どもの遊びのイメージを理解し、大人との【ワンターン（1ターン）】のやりとりを定着させよう!
◉すべての機会で仲良くなろうとせず、Eくんと友だちがイメージを共有しやすい場面で介入しよう!
◉友だちとのやりとりでも【ワンターン】を目指そう!
◉やりとりのチャンスを見つけられるように、子どもの評価（情報収集）を園の先生と協力して行おう!

具体的な支援計画
①子どもの遊びのイメージを探る。
②大人と子どもとの間でのワンターンのやりとり（大人からの働きかけを始発とする、大人からの働きかけに応答する）を具体的な目標とする。
③むやみやたらにかかわることは避け、子どもの行動や気持ちを言葉に出す（代弁する）などして、遊びの流れに大人が沿う。
④定着した大人とのやりとりから大人がモデルを示し、子ども同士のやりとりで大人が仲介役となる。

予測される変化は？
・遊びのイメージを理解することで、かかわるべき内容とタイミングがわかりやすくなる。
・自分の遊びの邪魔をしないで、むしろ沿ってくれる大人の存在により、安心して遊びを楽しむことができる。
・園内の先生同士で共通理解を図り、情報の交換・共有を図ることで、友だちとのやりとりの機会を見逃さずに済む。見つけたときにやりとりを広げてあげることができる。

支援のねらい

「ワンターンのやりとりを目指そう！　そのために先生方の協力を得よう！」

ステップ１〈遊びのテーマを探り、それに沿ったやりとりを試みる〉

【ある日の様子】

自由遊びの時間、Eくんを少し離れて見ることにしました。すると、例の道路の描かれたマットのところでは、「遮断機をおろす」「車を並べる」「車を浮かせて飛ばせる」というイメージで遊んでいることに気づきます。

そこで、「どの車が高く飛べるかな」「早く渡らないと遮断機おりちゃうよ〜」などと声かけすると、「高いよ〜」とか「早くして〜」などと言葉を返してくれることに気づきました。

「ここではこう遊ぶ」っていう私の思いが強すぎて、Eくんの遊びをちゃんと見ていなかったのかも……。イメージに合った声かけにはちゃんと応えてくれるんだ！

ステップ２〈園の先生と協力して､いろいろな場面でのEくんの情報を集めよう〉

【ある日の様子】

大人とのやりとりも安定し、2ターン以上のやりとりもできるようになりました。友だちとの間でも発揮してほしいと思い、かかわり方のモデルを出すなどして、担任が仲介することにしました。ただし、ずっと付きっきりというわけにもいきません。ほかの先生方に、Eくんの目標と大人のかかわり方を伝えるとともに、関係したやりとりが出たときの様子を、口頭または写真で撮って伝えてもらえないか、お願いしました。

やりとりって一瞬一瞬だから、私一人じゃどうしても見きれないし……。ほかの先生にもお願いしたら、思いがけない発見も拾えるかもしれないかな？

ステップ３〈評価をもとに、次のステップをみんなで検討しよう〉

【ある日の様子】

先生方にお願いしてから2週間が経ちました。この間、ほかの友だちから声をかけられたときに、Eくんが友だちの顔を見て「ぼそっ」と一言返している姿を多くの先生が目撃していました。この応答をどう広げてあげることができるか担任が悩んでいたところ、「ぼそっとでも、友だちを見て話したことは彼にとっては成長だよね」と同僚から意見をもらいます。その後、ぼそっとした応答に大人がどう対応するかを職員間で話し合いました。

危ない、危ない。また以前みたいに自分の思いだけでEくんを引っ張っていってしまうところだった。子どもに寄り添うためにも、「私が何を知りたいか、どう知りたいか」をほかの先生方に知ってもらうことが大切ね。

キーワード　①やりとりの土台には遊びのイメージの共有！
②その子を見ることができるさまざまな人からの情報を収集しよう！
③もらった情報をみんなで共有して、今後の方向性を探ろう！

☆もう少し詳しく　≪事例の解説≫

なぜうまくいったの？

遊びのイメージに沿うことができれば、少し応答してくれることに担任の先生は気づきました。この発見を、友だち同士のやりとりにつなげていこうと思った際、「私だけじゃ把握しきれない……」と思ったことが、この事例を良い方向に導いたきっかけになりました。

「やりとり」はいつ・どこで・誰と・どのように起こるのか、予想しにくいものです。担任だけでは抱えきれません。ほかの先生と一緒になって、情報の収集や共有を行うことで、大人の過度な期待や思い込みを抑え、Eくんの実態に合った支援を考えることにつながりました。

やりとりにおけるイメージ共有の重要性！

本事例では、大人との間で安定したやりとりができることを重視しました。子ども同士だからこそのやりとりが出る可能性もあったかもしれません。しかし、友だちへの関心が少ない状況では、偶然の機会を祈らなければいけません（それも大事ですが……）。今、確実にできることを目指すために、Eくんの興味・関心に柔軟に合わせることのできる大人とのやりとりから始めたのです。

さて、やりとりを行うためには、人と人、少なくとも二者が必要です。この二者が言葉や動作で通じ合うためにも、お互いにイメージやテーマを共有できなければいけません。Eくんは発達的に他人のイメージや話のテーマに合わせることは難しい状況でした。だからこそ、大人の側が子どもの遊びに寄り添うことが求められます。「この遊具ではこう遊ぶ」という既成の遊び方にこだわらずに、その子のイメージを探ることが大切です。

できたことを広げよう・深めよう！

今回の事例では、「大人や友だちとの1～2ターン」のやりとりを促すことができました。今後、友だちとのやりとりを深めていくことができるかもしれません。

ただし、Eくんが近づきやすい友だち、好きな友だちもいるかもしれません。こうした好みを把握しながら、いつ・どこで・どのように介入すべきかを考えていきましょう。

小学校との連携を！

Eくんは次年度に就学を控えた年長さんでした。これまでの経験値があるとはいえ、特別支援学級や特別支援学校に就学した際には環境も変わり、友だち関係も一からのスタートになるかもしれません。新しい環境でよりよい一歩を踏み出せるように、どのような友だち関係を築き上げてきたか、どのような人が好きか、どのようなかかわり方で人とかかわろうとするか、などの情報もまとめましょう。

寄り添うための手段としての「代弁」

ステップ1の「早く渡らないと遮断機おりちゃうよ～」という言葉は、Eくんが遮断機の上げ下げをしながら「いそげ～」とつぶやいていた様子からかけた言葉でした。こうした、相手の気持ちを代わりに声に出してあげることを「代弁」と言います。何気ない大人の行為ですが、子どもとの信頼関係を作るうえで必要不可欠なものです。

本事例から学ぶ保育者ができるABIのコツ

①関係する職員間で情報を集め、変化や成長をみんなで確認しよう！
②評価を通して、今後の支援の方向性や内容を再検討しよう！

①関係する職員間で情報を集め、変化や成長をみんなで確認しよう！

理論編3章 p.25
事例編 p. 41

この事例を成功に導いたポイントは、担任の先生だけでなく、ほかの先生も一緒に子どもに関する情報を収集し、共有できたことにあります。ただし、押さえておくべきコツがいくつかあります。

まず、注目したい行動を具体的に伝えましょう。ここが曖昧だと、本当に知りたい情報が得られない場合があります。

次に、誰がどのように情報を集めることができそうなのかも、事前に確認しておきましょう。これによりほかの先生方に自分の役割を意識してもらうことができます。

最後に、集められた情報を突き合わせる機会も確認しておきましょう。「行事で忙しかったから……」などで、振り返りの機会がなければ、せっかく集めた情報も無駄になってしまいます。

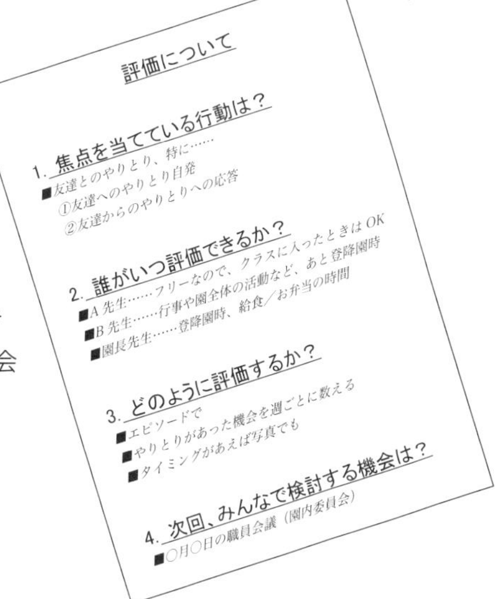

評価について

1. 焦点を当てている行動は？
■友達とのやりとり、特に……
①友達へのやりとり自発
②友達からのやりとりへの応答

2. 誰がいつ評価できるか？
■A 先生……フリーなので、クラスに入ったときは OK
■B 先生……行事や園全体の活動など、あと登降園時
■園長先生……登降園時、給食／お弁当の時間

3. どのように評価するか？
■エピソードで
■やりとりがあった機会を週ごとに数える
■タイミングがあえば写真でも

4. 次回、みんなで検討する機会は？
■○月○日の職員会議（園内委員会）

②評価を通して、今後の支援の方向性や内容を再検討しよう！

理論編3章 p.29

子どもに対する支援は「アセスメントを行い、目標を決め、支援を行い、評価までたどり着いたら終わり」ではありません。リンクシステムという言葉と図（22ページ）からもわかるように、「評価」のプロセスはそれがゴールではなく、再び支援のサイクルを回す際のスタートとして位置づけられます。子どもの自立に向けて、目標のレベルや支援内容を変える必要がないかなどを、メンバー間で検討していきましょう。

事例６　オムツがはずれない子

【保育園　年少・男児】

保育のなかで困っていること

Fくんは排泄の自立が難しく、なかなかオムツをはずすことができません。保育園に入園する前は、保護者が家庭でトイレトレーニングをしようとしましたが、成功しませんでした。家庭でのトイレトレーニングに難しさを感じ、悩んでいる保護者の様子を見て、保護者にあまり負担をかけずにオムツをはずすことができないでしょうか。

これまでの保育者の対応や周りの子どもの反応

家庭では保護者がオムツをはずすために試行錯誤していました。どのようにしているのか聞いてみると、「オマルに座ったらFくんの好きなチョコをあげる」というようなご褒美を与えているようでした。

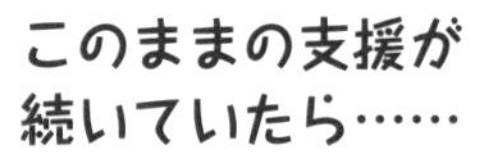

このままの支援が続いていたら……

家庭ではご褒美が貰えるからといって、保育園でチョコをあげるわけにはいきません。せっかく保護者が取り組んでいるからといって、園でも継続することは難しいですが、家庭と連携しながら取り組まなければいけません。

日常に根ざした指導による解決のポイント：「友だちと一緒にできる安心感！」

そのために、

◉家庭では、どんな方法でオムツをはずそうとトイレトレーニングをしているのか把握しよう！

◉友だちがトイレに行く様子を見せて、一緒のことをする楽しさを感じさせよう！

◉家庭と連携し、園での様子を伝えて家庭でも取り組んでもらえるようにしよう！

具体的な支援計画

①ほかの友だちがトイレに行くタイミングで、Fくんも一緒にトイレに行くように促す。

②「いつ・誰と・どこで・どのタイミングで」排泄を伝えようとしたか、行こうとしたかを記録する。

③保護者に、園での取り組みを説明して理解してもらい、家庭と保育園での支援の方法や環境設定を統一する。

予測される変化は？

・友だちと一緒にいる機会が増え、トイレだけでなく、ほかの活動においても友だちを意識して行動することができる。

・様子を記録したことで、園での様子を保護者に伝えることができ、家庭でのご褒美をあげるトイレトレーニングから生活に根ざした支援ができる。

支援のねらい

「保育園でのできた状況を記録して、家庭と連携しよう!」

ステップ1〈保育園での取り組みを保護者へ伝える〉

【ある日の様子】

保育園ではトイレに行く時間になると、みんなトイレへ移動を始めます。初めはみんなと一緒にトイレに行くことを嫌がっていたので、無理に連れていくことはしませんでした。

しかしある日、ほかの友だちがトイレに行くときにFくんもついて行き、便座に座ることができました。

今まで嫌がっていたのに、トイレに自分からついて行った。これはチャンスかな? 保護者に今日の様子をすぐ伝えよう!

ステップ2〈できた状況の記録をつけて、一番合っているタイミングを探す〉

【ある日の様子】

いつも外遊びのあとや、お茶を飲んだあとにトイレに行くように促していました。しかし、Fくんがトイレにスムーズに行くのは、一番仲が良い男の子がトイレに行くときだとわかりました。

どの時間が一番良いのか考えていたけれど、Fくんは好きな友だちと行動するほうがいいみたい。今度は、その友だちがトイレに行くときに誘うようにしてみよう。

ステップ3〈家庭でも保育園でもできることを実行する〉

【ある日の様子】

友だちとトイレに行くと、便座に座るようになりました。たまにおしっこが出ることもありますが、ほとんどは座っているだけです。「トイレに行く→座る」ということは理解できたようです。

家ではオマルに座るように声かけしているようですが、園では「おしっこはトイレですること」というルールがわかっているようです。

まずは家庭でもできて、保育園でもできるような、トイレに座るところから始めるように、保護者と話し合ってみよう。

キーワード
①継続して記録をとろう!
②先生同士で協力し、どんな状況だとよいのか考えよう!
③Fくんの生活のどんな場でも実行できるようにしよう!

☆もう少し詳しく　≪事例の解説≫

なぜうまくいったの？

Fくんは家ではオマル、保育園ではトイレと排泄のときに座る場所が違っていました。そのため、園での支援の様子を伝えて、声かけの仕方や連れていくタイミングを統一することで、Fくんのなかでも排泄のタイミングをつかみやすくなりました。ただ、まだ完璧にオムツが取れたわけではありません。今のFくんの時期は、みんなとまずトイレに行ってみるところからなので、保護者にはそのことを説明し、焦らないで取り組むように配慮しました。

友だちと一緒に活動できると嬉しいね！

Fくんはおもちゃや履くものに対して強いこだわりがあります。一見、集団活動も苦手そうですが、友だちは大好きです。そのため、友だちがしていることをよく見ていますし、真似をしようとします。トイレトレーニングを家庭だけで行う場合に、同じ年齢の友だちがモデルとなることはできません。Fくんが「友だちの真似をすることが好き」だという特性を生かせるのは保育園だけです。支援の方法を統一することも必要ですが、園でしかできない人とのかかわりを生かすことで、Fくんはトイレに行く一歩を踏み出すことができました。

家庭と支援の方法を統一することも必要ですが、保育園でしかできない友だちと一緒に行動することからFくんの関心を広げるという支援ができるように工夫されていました。

できたことを広げよう・深めよう！

自分からトイレに座る習慣が身につけば、次は座ってからおしっこが出るタイミングをつかむステップに入ります。

すぐに排泄できるようになるわけではありませんが、保育園で友だちの様子を見ながら少しずつ理解していっています。園でたまに成功したら、今度は家庭でもできるように場面を広げていきましょう。

家庭と保育園との連携を！

オムツからパンツへ変わるときには、家庭との連携は必要不可欠です。その際に、家庭でできることと、園でできることはそれぞれ制限があります。しかし、オムツを取るためにトイレトレーニングをする際には、家でも園でもできることを一緒に協力していくことが大事です。子どもは、場所が変わればルールが変わるという状況では不安が大きくなります。リラックスが必要なトイレトレーニングは、子どもも大人も落ち着いて取り組める環境を作りましょう。

タイミングに注目！

トイレトレーニングには、タイミングが大事です。特になかなかトイレに行きたがらない、「出ない」と言う場合には、どうすればよいのか困ってしまいます。しかし、よく見ていればその子の合図があったり、行ってもよいというタイミングがあったりします。その見極めができるのは毎日のルーチン活動が成立しているからです。生活リズムをルーチン化するところから始めてみてください。

本事例から学ぶ保育者ができるABIのコツ

①家庭と連携しながら継続した記録を活用しよう！
②一貫した学習機会を提供できるようにしよう！

①家庭と連携しながら継続した記録を活用しよう！

理論編3章 p.25-26

ABIのリンクシステムの最初のステップとして「アセスメント」があります。その際は、その子の継続的な観察と、子どもに近い人々（保護者や保育者といった介入者）との会話を通して行われます。本事例のように、基本的な生活習慣の自立に関係してくる場合には、特に保護者との密な連携が必要になってきます。Fくんははじめは保護者に対して、保育園での様子を十分に伝えることができませんでした。しかし、日頃の排泄に関する様子を継続して記録することで、「Fくんはどうすればオムツではなく、トイレやオマルで排泄ができるのか」ということを判断することができました。継続して記録をとることで、Fくん自身のなかにあるきっかけを見つけ出すことができました。

②一貫した学習機会を提供できるようにしよう！

理論編2章 p.19
理論編3章 p.27-28

ABIでは、日常生活のなかに学習機会を埋め込むように計画していきます。その際、適切な「先行事象」を選択し、それを利用することが重要なポイントになってきます。
「先行事象」とは、その子どもにやってほしい行動のモデルを直接示すような単純なものから、もっと複雑な専門的な手法（マンドモデル法等）を用いたものであったり、また手の届かないところにその子がほしがるおもちゃを置いたりするような非指示的なものから、大人が要求し直接指示するものまで、さまざまあります。
これらの先行事象は関係者で共通理解されていなければ、日常生活のなかに一貫した学習機会を埋め込むことは難しいです。つまり、どのような活動やどの関係者であっても、一貫して学習機会を提供することが求められます。
Fくんの場合は、「オムツを取って排泄する」という行動のために、オムツをつけていない状態で排泄できる行動を促しました。その際に、家庭ではオマルに座るように促し、保育園ではトイレに行くように促していました。その時点で、Fくんにとっては先行事象が異なります。保育園では、友だちと一緒に行動することが嬉しいFくんの実態に合わせると、園でのトイレに友だちと行くところから支援計画を立てることで、Fくんが自分からトイレにいく行動につながる工夫ができました。

事例 7　偏食の多い子

【保育園　年少・男児】

保育のなかで困っていること

Gくんは給食で出たものを食べません。食べられるものは、ふりかけのかかった白米、うどん、色や味の濃い揚げ物しかありません。家では、Gくんの食べられるもののみを毎日提供しているようです。
給食の時間はただ座っているだけで、保育者として何もしてあげられないのがとてもつらいです。

これまでの保育者の対応や周りの子どもの反応

これまでの担任保育者たちも何とか食べてほしいと努力してきましたが、他児と提供される形態は変えてはならないという固定観念のなかでの対応しかしてこなかったようです。クラスメートたちはGくんが食べないことに慣れてしまっています。
白米は、ふりかけをかけると食べることができますが、私もほかのクラスメートの手前、この子だけに特別にふりかけをかけてやることに抵抗を感じています。

このままの支援が続いていたら……

体の成長が著しいこの時期、食べないのは栄養不足で体力的に園生活が困難になるのでは?
また、保育園でも家庭でも食べなくて叱責されることで、自己肯定感が低下してしまうことが心配です。

日常に根ざした指導による解決のポイント:「給食を楽しいコミュニケーションの場にしよう!」

そのために、

◉この子が食べられるものを探求しよう!
◉この子にあった食事の提供をしよう!
◉食事の場面は食べることよりも、雰囲気やコミュニケーションを楽しむことを大事にしよう!
◉保護者と連携して取り組もう!

具体的な支援計画

①食べることを目標にするのではなく、保育者やクラスメートと会話を楽しむなど、給食の時間を楽しむことを一番のねらいとする。
②食べられるものを食べられる量だけ取り組むこととし、少しでも食べたらほめる。
③家庭との情報共有をしつつ、食べられたものを増やすだけでなく、家庭と保育園とでほめられる回数を増やす。

予測される変化は?

・給食の時間がGくんにとって楽しみな時間になる。
・ほめられるためにがんばる、がんばったらほめられるという好循環になる。
・家庭でも保育園でもほめられることで、これまで苦手だった食べ物にもチャレンジしてみようという意欲がもてる。

支援のねらい

「食べることをゴールにするのではなく、食事場面のコミュニケーションを楽しもう！」

ステップ１〈食べられるものを食べられる量だけチャレンジしよう！〉

【ある日の様子】 年少４月
まざっているものが苦手みたいなので、お皿をたくさん用意し、まずは一品を一皿にすることを基本に提供してみました。すると、好きなものだけは食べることができたので、すかさず「ピカピカだね～」とほめました。このやり方でしばらく続けてみようと思います。

【ある日の様子】 年少８月
最近は、食べ物の名前を少しずつ覚えてきて、私が「にんじん食べる？」「きゅうり食べる？」と聞くと、「にんじん食べる」「きゅうり、いや」と見ないでも判断するようになってきました。一方できゅうり、トマト、揚げ豆腐など、どうしても嫌いで食べられないものも明確になり、それは無理させないことにしています。
汁物は好きで、「いっぱい」と言ってたくさんの量のおかわりを何度もするので、２週間ほど前から、汁物は小皿ではなくほかの子と同じお椀を使っています。「汁、いっぱい入れたらこぼれるから、コッチの大きいお茶碗に入れていい？」と聞くとうなずき、難なく完食しました。
さらにおかわりと言うので、「自分で入れてみる？」と誘い、自分で入れさせました。苦手そうと思って避けていたワカメもたくさん入れていたので「食べられるの？」と聞くとうなずきました。「じゃあ、頑張ってね」と席に促してみると、３～４分後に「先生～、ピカピカ～」と完食したお椀を見せてくれました。

みんなと同じ時間に、同じメニュー、同じだけ食べることを目標にするのではなく、少しでも食べたことを喜び合えることを目標にかかわっていきました。すると、ほめられることがうれしいのか、次第に食べられるものが増えていきました！「先生みてみて、ピカピカにしたよ～」と自分から報告にきてくれるのがうれしいです。担任の私だけがほめるのではなく、「ほかの先生にも見せておいでー」と言っています。また、最近ではクラスメートたちも「Gくん、食べたよー」と、喜んで教えてくれるようになりました。
1年経って、あらためて当時からの変容に驚いています！

ステップ２〈家庭との連携をとろう！〉

【ある日の様子】 年少５月
保育園の給食で食べられたものは、毎日献立表にマークをつけて連絡帳と一緒にし、保護者と情報を共有しています。また個別面談のときには、普段の給食のときの盛り付けの写真を見せながら成長を確認し、ともに喜び合っています。
家庭でも「食べたよカレンダー」を作成し、食べたものを記入するとともに、Gくんの好きなクルマのシールを貼ってもらっています。

Gくんの成長は、Gくん自身も、家族の人も、そして私にもうれしいです！記録を残すことも、共有のために大切ですね。

キーワード　食べることをゴールにしない！　給食は楽しいコミュニケーションの場に！

☆もう少し詳しく　≪事例の解説≫

なぜうまくいったの？

食べることをゴールにするのではなく、少量でもいいから食べたらほめる、そして給食の時間は保育者やクラスメートとのコミュニケーションを楽しむ、ということを目標にしたことが、Gくんがいろいろなものを食べられるようになった結果につながったものと思います。

そのためには、まざった状態は見せない、一皿に一品ずつ盛る、食べる順番やふりかけの有無などの選択肢を与えるといった、給食の提示の工夫もしています。また、量は基本ひと口で済むように少量にすることでほめられる回数が多くなる、保育者がそばで食べるところを見守り食べたら即座にほめる、食べられたものは献立表に○をつけるなど、食べる意欲を引き出すための配慮もしっかり取り入れました。

保護者の気持ちを大切に！

偏食への対応に際しては、特に保護者との連携は重要です。保育園の給食で、先行して食べられるものが増えることは保護者にとってうれしい反面、自分が愛情をこめて作っている食事を食べないのは自分がダメなんだと、否定的な意識にもつながりかねないからです。

保育園で食べられた食材やそのときの雰囲気をていねいに伝えることはもちろんですが、家庭でうまくいった調理法や言葉がけのコツなども保護者から聞きながら、保護者の取り組みや頑張りを認めたり、ほめたりしましょう。

実態をほかの人にも知ってもらおう！ ── サポートブックのすすめ

支援者、場所や環境が変わったら、Gくんのような偏食のある子どもは、食事場面のたびに困ってしまいます。感覚過敏が背景にあるような偏食は、本人の頑張りだけで何とかなることはありません。そこで普段から、子どもの食の好みや苦手についての実態、効果的な支援の方法について、写真や文章でまとめておきましょう。おとまり保育や実家への帰省など、家庭や保育園以外の場所で過ごすときに役立ちます。また、まとめる過程で、保護者や保育者がこの子の実態や成長を客観的に把握することにもつながります。

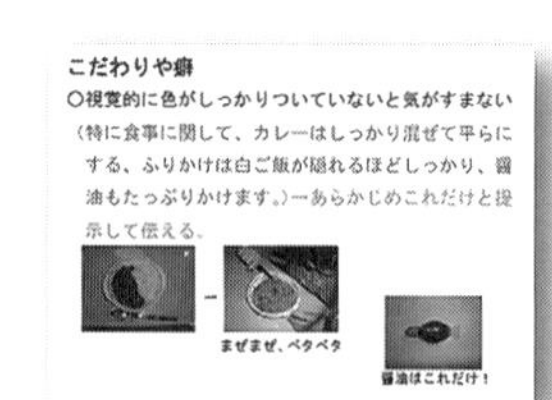

コラム　ー偏食ー

偏食とは、文字通り、食が偏っていることを指します。しかし、これはあくまで状態像であり、その原因は子どもによってさまざまです。特に多いのは、感覚過敏（85ページコラム参照）の問題が背景にあるケースです。また、食材の調理法や食べ方、食器などにこだわりがあることに起因する偏食も少なくありません。

本事例のように、まざったものが苦手で、食材一品ごとに少量ずつ盛り、少しずつ段階的に増やしたりまぜたりするようなスモールステップでの支援のほかにも、以下のような例もあります。しかし、何が子どもに功を奏すかは、一人ひとりで異なります。

・おにぎりの中身なしとかクロワッサンや食パンのように味が均一なのがいい子
　その場合はあらかじめ中身を割って見せておく
・お弁当の容器であれば食べた子
・3品だけとわかりやすくしたら食べた子

本事例から学ぶ保育者ができるABIのコツ

①「〜できない」という実態把握は支援のうえで意味がない！
②「〜しない」という目標設定では支援のうえで意味がない！

適切な実態把握と妥当な目標設定をしましょう！

理論編3章 p.25-26

Gくんのような子どもを指して、「何も食べない偏食のある子」という実態把握は妥当でしょうか？　よくよく見れば、白米やうどんは食べる、から揚げのような色や味の濃いものは比較的好みであるなど、「食べない」という実態把握は適切ではないようです。また食事は、健康にかかわることから、どうしても「食べる」ことをゴールに設定しがちです。しかし、食べるというゴールを達成することは当然ながら容易ではありません。適切な実態把握と妥当な目標の設定、そしてそこから導かれるスモールステップの支援は関係し合っており、とても重要です。以下の図は、最終的に「はしでものを食べる」ことをねらった場合の例を示したものです。実際に支援をする際には、即座に「えらいね！」とほめることも欠かせません。

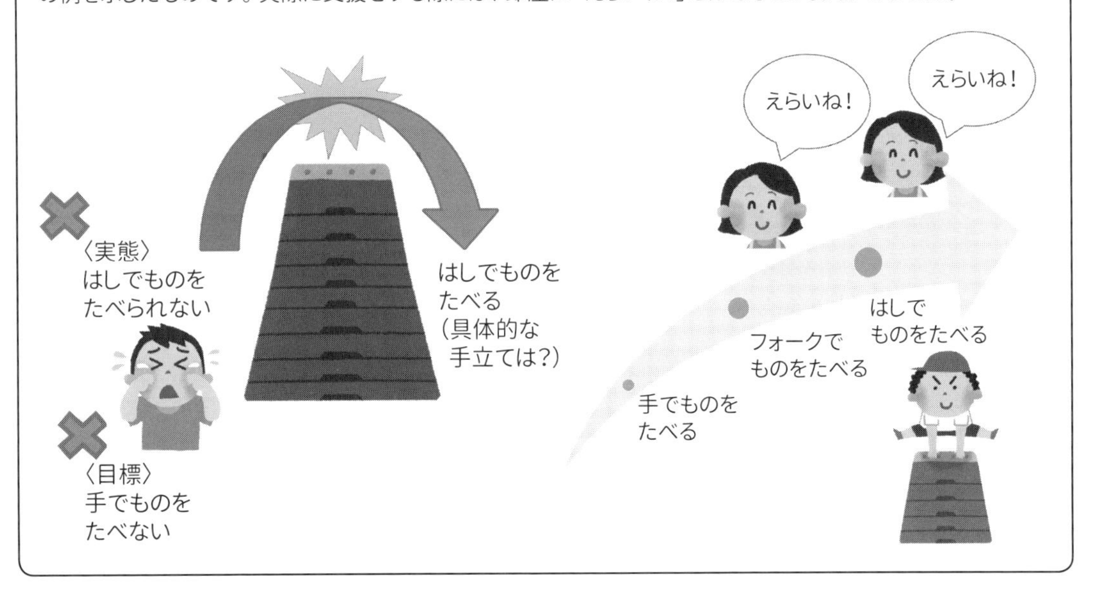

・好きな食べ物と引き換えに苦手なものも少しずつ提供したら食べた子
・フォークにさしてあるものを一口ずつという子
・好きな友だち、好きな人が食べているのを見て食べるようになる子　など

重要なのは、食べるための方法ではなく、食べるときの雰囲気や信頼できる人とのコミュニケーション、そして食べられたという達成感をもたせるかかわりであることは言うまでもないでしょう。

事例8　衣服の着脱に時間がかかる子

【保育園　年中・男児】

保育のなかで困っていること

Hくんは洋服の着替えに時間がかかります。自分でやりたいという思いがあるので、なるべくさせてあげたいのですが、次の活動の時間になっても終わらないくらい時間がかかります。そのうち集中も切れて、だらだらと動くので、さすがの私も「早くしなさい！　みんな行っちゃったよ！」と声を荒げて、ちょっとイライラしてしまいます。

これまでの保育者の対応や周りの子どもの反応

ほかの子どもたちへの対応をしながら、定期的にHくんのそばに行き、声かけをしたり、腕通しやジッパーの上げ下げを手伝っています。しばらくすると、ほかの友だちから「先生、もう次のところ行っちゃうね～」と言われることも多く、最後のほうは「ごめん、もうやっちゃうよ」としてあげてしまうことが多いです。

このままの支援が続いていたら……

先生は次の活動のこともあり、「早くしてほしい」気持ちでいっぱいです。忙しい移動の時間などではHくんのこうした気持ちを尊重しきれず、お互いに不満が高まるかもしれません。また最後の部分はほとんど先生がしてしまっているということで、H君自身「できた！」という感覚もなかなかもちづらいでしょう。

日常に根ざした指導による解決のポイント：「たかが一つの活動、されどたくさんのステップ！」

そのために、

◉子どもが取り組まなければならないステップを具体的に考えよう！

◉それぞれの行動を3つの基準で分類しよう！

◉重点的に取り組む行動の【前】と【後】の対応を考えよう！

◉友だちとのやりとりを邪魔しないためにも、近づくべきタイミングと離れてもいいタイミングを探ろう！

具体的な支援計画

①子どもに取り組んでほしいと思っている活動のなかに、細かいステップが何個含まれているかを数える。

②ステップを以下3つの基準で分ける。

A：自分一人でできる部分

B：手助けがあればできそうな部分

C：手伝っても難しそうな部分

③【B：手助けがあればできそうな部分】に挑戦する。この行動の直前と直後の声かけ・対応をHくんに合わせる。

予測される変化は？

・取り組むべきステップが限定されるので、Hくんも先生も見通しや心の余裕ができる。

・「できた」で終われるので意欲的になれる。

・先生が近くにいなくてもよくなれば、仲のいい友だちとのやりとりの機会も保障できる。

・次の活動に無理なく移行することができる。

支援のねらい

「ちょっと支援があれば／少し頑張ればできそうな部分に重点を置こう!」

ステップ 1〈取り組んでほしい活動のステップを考える〉

【ステップを数えてみると……】

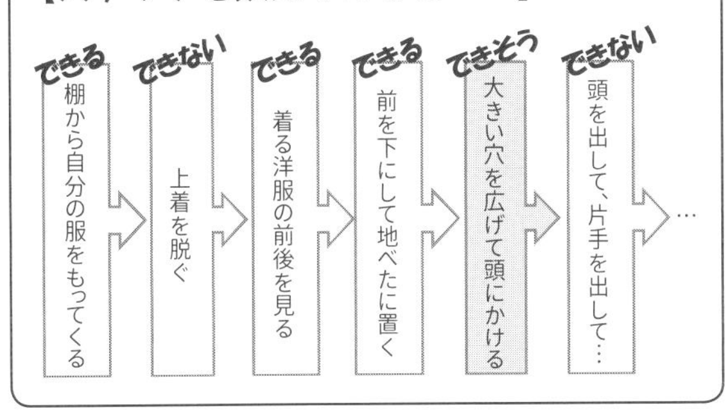

洋服を着るって、こんなにたくさんのステップがあるの?
「大きい穴を広げて頭にかける」はもう少しでできそうだから、ここを特に頑張ってもらおうかな?

ステップ 2〈重点的に取り組むべき行動の直前・直後の対応を考える〉

【ある日の様子】

「大きい穴を広げて頭にかける」ところで、どうすればいいかなと悩んでいました。ある日「小さい穴と大きい穴どっちに入るのがいいかな」と声をかけると、「小さいのは無理じゃん。入らないよ」と言い返してきたことを思い出し、できたときに一緒に喜ぶことも忘れないようにしました。

以前は「あれも頑張れ」「これも頑張れ」って言いすぎだったかな。
ポイントを絞って、かかわるべきところ・ほめるべきところを子どもに伝えることが大切ね。

ステップ3〈友だちとのやりとりも大切に〉

【ある日の様子】

「大きい穴を広げて頭にかける」が上手になってきたので、次は「上着を脱ぐ」ところにチャレンジしています。かかわるべきタイミングがはっきりして余裕ができたのか、着替えの場面で聞こえてくる「●●くんのパンツかっこい～」「おれのチョ～新しいんだぜ～」などの友だち同士の会話も“落ち着いて”聞いていられるようになりました。

以前だったら「何しゃべってるの、早くしなさい!」って怒ってしまってたかも……。
でも、「みんなと一緒に着替えている」ってことも大事なことよね。「どこで力を入れて、どこで抜くか」。これも考えなきゃいけなさそう。

キーワード
①子どもに求める行動のステップを考えよう!
②子どもに求める行動の直前・直後の対応を考えよう!
③「みんなで一緒に着替えている」ということも忘れずに!

☆もう少し詳しく　≪事例の解説≫

なぜうまくいったの？

当初、担任の先生は「Hくん＝着替えが苦手な子」という認識でいました。しかし、こう思ってしまうと着替えの時間のすべてで「Hくんに援助しなければいけない」ことになってしまいます。ただし、ていねいに見ていくと、活動のなかには「できる部分」「できない部分」、あるいは「ちょっと難しいけど先生がいればできそうな部分」があります。

この事例では、こうした3つの基準からHくんの着替え活動の捉えなおしをしました。「お着替えできないHくん」ではなく「お着替えの●●はできるけれど、●●ではできないHくん」という認識に変えていくことが、ポイントだったのです。

先回りできれば、担任としての余裕もできる！

「手いっぱいです。加配の先生がいないと無理です」という声は少なくありません。ですがこうしたときこそ、できていることーできていないことの把握に努めましょう。少なくとも【できていること】がわかれば、そのタイミングには子どもとかかわる必要はなく、一歩下がって様子を見ることができます。

「できている部分」と「できていない部分」への対応も！

この事例では「できそうだけど、できていない部分」をチャレンジの機会と捉え、取り組みました。しかし、この部分以外のところをどう捉えておくかも、支援の成否に影響を与えます。

【できている部分】

できている部分は子どもにとっても自信をもてるところです。特に活動に意欲的でない場合、「それはできて当たり前だから……」と何もしないのではなく、認めてあげたり、意図的にほめてあげることで、活動全体の動機づけが高まります。

【(まったく) できていない部分】

時間的な余裕があれば、様子を見ながら「どう試行錯誤するかな」と見てもらっていいかもしれませんが、多くの場合、ずっと一人で取り組ませていると、結局「できない！　もうやだ！」で終わってしまうこともあります。さらっと援助してしまうなど、割り切ることも大切です。

できたことを広げよう・深めよう！

新しい行動にチャレンジし始めているHくんですが、同じ行動がほかの服やほかの場面でも同じようにできるかを確認しましょう。

服といっても世のなかにはさまざまな種類があるものです。買ったばかりの大きめの服、おさがりでもらった小さめの服、いろいろな服にどうチャレンジするのかも探りましょう。

家庭と保育所との連携を！

実は、Hくんは家庭では全部お母さんやお父さんに着替えさせてもらっていました。着替えさせようとすると「やだー！」と暴れてしまうことが多く、保護者の方も手を焼いていたようです。

保育所でできるようになったコツ・タイミングなども伝えていくことで、家庭で取り組む際のヒントになるかもしれません。

本事例から学ぶ保育者ができるABIのコツ

①具体的な支援を導くABCの3セットを使おう！
②その保育所、その子どもに独特なルーチンにも注目しよう！

①ABCの3セットで支援を組み立てよう！

理論編4章 p.36-37

「お着替えを頑張ってほしい」や「帰りのお仕度をスムーズにしてほしい」といった幅の広い目標では「結局何を支援しているのかがわからなくなる（理論編3章27ページ）」ことが多いため、できるだけ具体的な目標設定を大切にすることを述べてきました。

これを実現させるために、理論編の4章で述べた【A：行動の直前（先行事象）】－【B：行動（標的行動）】－【C：行動の直後（結果事象）】という支援の3セットを使ってみましょう。

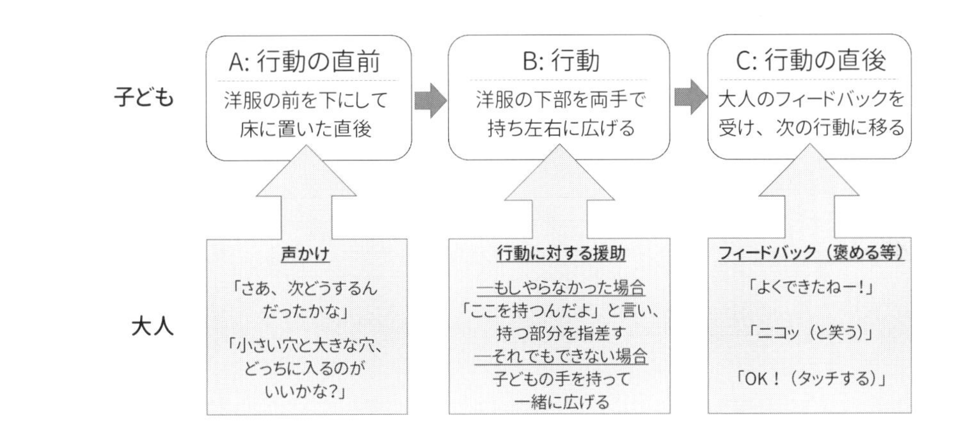

②その保育所、その子どもに独自なルーチンにも注目しよう！

理論編2章 p.18-19

ルーチン活動とは端的に言えば、日々習慣づけられた活動のことを意味しますが、そうした活動は国や地域の文化によって独特な形をとるものです。同様に、園や家庭によっても異なります。たとえば「お洋服のお着替え」というルーチン活動について、園では自分で棚から服を取り出すという習慣が求められる一方、家庭では「親がすることが当たり前」ということもあるでしょう。特に年齢が低いときには、こうした習慣の違いにも気をつけましょう。

事例9　並んで順番が待てない子

【保育園　年中・男児】

保育のなかで困っていること

Iくんは、とても元気で活発な男児ですが、列に並ぶことが苦手です。自分の興味・関心のあることに対しては、ほかの子どもたちが並んで待っていても、平気で列に割り込んできます。他児から「Iくんずるいよ」「並ばないとダメだよ」と言われても、まったく気にする様子がないばかりか、ときには「うるさい!」と相手の子どもを叩いてしまうこともあります。手洗いなど順番を待たないといけない場面でも、サッと横入りをしてしまい、けんかになってしまっています。

これまでの保育者の対応や周りの子どもの反応

絵カードを使用すると理解しやすいということを本で読んだので、保育者は列に並ぶ絵カードを作成してことあるごとにIくんに見せてみました。最近では、担任保育者の姿を見るとよそへ逃げてしまい、追いかけるのが大変なこともあります。他児からは、「Iくんは叩くから怖い」などという声も聞こえるようになり始めています。

このままの支援が続いていたら……

確かに絵カードを使用することで子どもが理解しやすくなる場合はありますが、Iくんには絵カードの使用は合わなかったようです。このままではIくんが担任保育者への信頼をなくしてしまう可能性が考えられます。

また、他児らとの良好な関係性を築きづらくなることも危惧されます。

日常に根ざした指導による解決のポイント:「みんなが生活しやすい環境を!」

そのために、

◉生活や活動のなかで、並んで待たなくていい方法について検討してみよう!

◉並ぶ場所を示すなど、視覚的な手立てを使用し、みんなが生活しやすい保育室環境作りを目指そう!

◉短時間でも並べたときには、しっかりとほめて本人の頑張りを認めよう!

◉Aくんの得意なことを利用して、「並ぶ」ことにつなげてみよう!

具体的な支援計画

①手洗い場などの前には、足型や線などの目印をつけて、並ぶ場所を視覚的に示す。

②必要以上に待つ時間をつくらないよう、クラス内で使用時間をずらしたり、保育内容について検討を行う。

③Iくんは製作遊びが得意なので、番号札を作ってもらい、並ぶときに利用してみる。

予測される変化は?

・視覚的な目印などによって保育室が過ごしやすい場になることは、Iくんだけでなく、他児にとってもよい生活環境となる。

・必要以上に並ぶ時間をなくすことで、クラス全体の子どもの生活もより豊かなものになる。

・自分の作った番号札を使うことを楽しみにして、保育者から配られた番号順に並ぶことができる。

支援のねらい

「子どもの得意なことを取り入れることで、活動しやすい状況を作ろう!」

ステップ1〈どんなときに列に割り込んでいるのかを知る〉

【ある日の様子】

Iくんの様子をよく観察し記録をつけてみると、いつでも列に割り込みをしているのではなく、「外遊び」と「食べる」ことに関するときに集中していることへの気づきがありました。それ以外のときは、列に並ぶのではなく、空くまで別の場所で待っていることが多いようです。

割り込みは「早く遊びたい!」「ごはんが食べたい!」という子どもらしい感情だったのね。「並ぶ」ことが理解できていないのかな?

ステップ2〈目印をたよりに列に並ぶ〉

【ある日の様子】

担任保育者は、手洗い場の前に2メートルほどの長さで色テープを貼ってみました。そして、待つときはこのテープの上で並ぼうという話を子どもにしてみました。Iくんも「電車だ!」と面白がってテープの上に並んでいるようです。

遊びの延長で並べるようになったのはよかった! でも、よく考えてみると、私の保育って並んで待たせる時間が多いような気がするわ……。

ステップ3〈Iくんの得意なことを取り入れる〉

【ある日の様子】

担任保育者は保育のなかで並ぶ機会を必要最小限にしてみました。また、Iくんは画用紙を切ったり絵を描いたりする製作遊びが得意です。保育者はIくんに好きな色の画用紙を使って番号札を作ってもらいました。Iくんは、人数を数えながら数字を書いたり、いろいろな模様を考えたりして番号札を作成しました。並ぶときには保育者が「番号札をお取りくださ〜い」と配布すると、Iくんもほかの子どもたちと一緒に札をとり、列に楽しんで並ぶ姿が見られるようになりました。

回数を抑えたことで、並べるようになってきたみたい。Iくんは自分が作った番号札をクラスの子どもたちが喜んで受け取っているのを見て、とても誇らしげな様子だったわ。

キーワード
①ていねいな観察から、子どもの状態を理解しよう!
②視覚的な目印をつけることで、生活しやすい保育環境に!
③Iくんの得意なことが活かせる工夫を!

☆もう少し詳しく　≪事例の解説≫

なぜうまくいったの？

保育者の毎日の保育観察と記録により、Iくんはいつでも割り込みをしているのではなく、「並ぶ」ことが理解できていないのでは……、という考察がされました。漫然と見ているだけでは気づかないことも、記録をとることではっきりとわかることがあります。また、Iくんは絵カードでは「並ぶ」ということを理解することが困難でしたが、実際に床にテープを貼ることでその線上に「並ぶ」ということが結びついたと思われます。また、この事例では、「並べるようになったから介入が終わり」ではなく、製作遊びというIくん自身の得意なことを活かして、より楽しく並べるようにしようとする保育者の工夫が見られました。

本当に並ぶ必要がある？

保育のなかで子どもを並ばせることはよく見られます。しかし、本当に並ばないと遊びや活動、生活ができない場面というのはどのくらいあるのでしょうか。並ぶことで混乱を避け、スムーズに進めることができる利点はあるでしょう。しかし、それは保育者にとって都合のいい方法になっているかもしれません。もちろん、幼児にとって「並んで順番を待つ」ということは、生活のルールを知る機会でもあり、少しがまんし自己抑制することにつながる大切な経験です。同時に、並んでいる間は思うようにのびのびと動くこともできず、「待つ」だけの時間となっています。生活のなかで、「並ぶ」回数をなるべく少なくすることで、子どもたちがよりいきいきと過ごせることにつながるかもしれません。空間や時間をうまく利用し、なるべく列が短くなるような工夫も必要でしょう。

並ぶって楽しい！

「並ぶ」＝「待つ」ということも多く、子どもにとってはあまり楽しいことではないかもしれません。しかし、この事例のように線を引いたことでIくんが「電車だ！」と喜んだように、遊びの延長線上となるような工夫ができると並ぶことにも楽しい一面が出てくるかもしれません。床に線を引くという、Iくんにとってよい支援は、ほかの子どもたちにとっても、楽しい支援となりました。

家庭との連携

並ぶことが苦手で、他児を叩いたりしていることは、保護者には伝えにくい状態だと思われます。しかし、保育者が「並ばない」ことや「叩くこと」を困った行動と捉えるのではなく、本当は並びたいけどそうできないという、Aくん自身が困っている状態を知らせるといいでしょう。

他児とのかかわり

「叩くから怖い」と他児から言われたIくんですが、これはAくんに「叩かないでね」と知らせるだけではよいかかわりとは言えません。Iくんには叩かずに言葉で気持ちを伝える方法を知らせることが大切です。まだ言葉で伝えることが十分でない場合は、保育者が互いの気持ちを代弁するなどして、「並ぶ」ということから別の問題が派生しないようにすることも大切です。

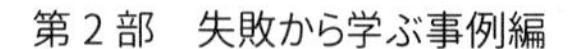

本事例から学ぶ保育者ができるABIのコツ

①子どもの得意なことに着目しよう!
②いつ、どんな状況だとできているのかを明確にしよう!

①子どもの得意なことに着目しよう!

理論編3章 p.25-26

苦手なことやできないことに取り組むのは、誰にとっても気の重いことです。それは子どもにとっても同様で(むしろ、子どもだからこそ余計に)、苦手なことを継続的に何度も「やらされる」ことは大きな負担となります。逆に、好きなことであれば「やらされている」という感覚をもたずに、楽しんで取り組めることは言うまでもありません。この事例がうまくいったのは、Iくんの得意な製作遊びを取り入れて、並ぶということを遊びとして捉えられるようにした点です。日々の生活や遊びのなかで子どもの姿をよく知っている保育者だからこそ行えた支援でした。

②いつ、どんな状況だとできているのかを明確にしよう!

理論編3章 p.29
理論編4章 p.35-36

ただ漠然と子どもの姿を理解するのではなく、子どもの目標を評価するためのデータを収集しましょう。具体的には、子どもの姿を、ある一定の視点から記録したり、行動の種類をメモしておくなどです。この事例の場合だと、Iくんがどの時間帯や周辺状況だと並びにくいのか、どのような活動内容のときに並べるのかなどを毎日、ノートに記録していくといいでしょう。その際は、事例にかかわる全員が使用しやすい状態にしておくこと、最小限の努力で書き続けられることなどが大切です。

事例 10 トイレで排泄ができない子

【幼稚園　年中・男児】

保育のなかで困っていること

Jくんは登園から降園までの間、一度も排尿をしません。医師からは神経や筋肉に異常はないので、定時排泄を促してくださいと言われています。家のトイレでは自分でおしっこができます。またズボンの上げ下げも自分でできます。このままだと膀胱炎などの病気になるのではないかと心配です。

これまでの保育者の対応や周りの子どもの反応

療育センターの先生から聞いた「トイレトレーニング」の方法を頑張っています。具体的には、1時間ごとにトイレに誘う、その際、トイレの写真カードを見せる、出なくても便器に座らせる、トイレに行ったことをほめる、というものです。

このままの支援が続いていたら……

・まだ1度も保育園のトイレで成功したことがありません。このままだといつになってもできそうに思えません。

・最近ではトイレに行くこと自体をとても拒絶し、誘うだけで泣いて大暴れします。

・遠足や園外保育に行かせることも心配です。

日常に根ざした指導による解決のポイント：「Jくんの好きなものを生かしやる気を高める！」

そのために、

◉行動を変える技法を押しつけるのではなく、できない原因をJくんの視点で考えよう！

・初めてのことや場所、見通しのもてないことに対しては不安が高いのかも？

・触覚や嗅覚、聴覚の過敏さが影響しているのかも？

◉保育園のトイレがイヤな場所ではなく、Jくんにとって好きな場所になるようにしよう！

◉保育園と家庭とで、取り組みやできたことを共有し、ほめよう！

具体的な支援計画

①保護者と協力し、家庭と保育園のトイレの違いを分析し、保育園のトイレがイヤな場所ではなく、Jくんにとって好きな場所になるよう工夫する。

②トイレに向かうこと、スリッパをはくこと、ズボンをおろすこと、便座に座ること、水を流すこと、手を洗うことなど、一つずつについて自分でできたときにはすかさず「Jくん、できたね、エライね！」とほめる。

予測される変化は？

・おしっこをするためにトイレに行かされるのではなく、自ら進んでトイレに行きたくなる。

・ほかの保育者だけでなく、保護者からもいいところを認められ、ほめられ、また頑張ろうという意欲をもてる。

支援のねらい

「保育園や自宅以外のトイレでも環境を整えることで、おしっこができた、うれしいという気持ちをもてるようにしよう！」

ステップ1〈保育園のトイレを居心地のいい場所にしよう！〉

【ある日の様子】

職員会議で、トイレをJくんの好きなキャラクターなどで飾ることを提案したら賛成され、4つある個室を4人の先生がそれぞれ飾ることになりました。また、トイレの入り口からトイレのなかにスムーズに入れるように、大好きな電車をイメージした線路のボード（写真）を用意しました。すると抵抗なくトイレに入り、おしっこができました。

「トイレに行きますよ」という誘いかけでは通じなかったけど、楽しい雰囲気のトイレになっただけで、自ら進んで行っておしっこができた。うれしい。いつかおしっこだけでなく、うんちもできたらいいな。

ステップ2〈園外のトイレでもできたらいいな！〉

【ある日の様子】

園外保育でいつも行く公園の途中にある、コンビニのトイレには絶対に入りません。普段から慣れているトイレではないというだけではなく、エアータオルの音がきらいとお母さんに聞いたことがあるけど、ここにはそれがあるからかもしれません。少し遠いけど保育園と同様に個室がいくつかあるトイレのあるコンビニに、安心グッズをもっていったら、抵抗なくトイレに入り、用を足すことができました。

慣れない場所への不安だけでなく、感覚過敏の問題も影響しているのね。Jくんの好きな新幹線のカードの安心グッズを作ってよかった！

ステップ3〈ほかの場面でも安心、できるよ！〉

【ある日の様子】

月に1度ある身長・体重の計測も、彼の苦手なことの一つです。でも、いつもトイレに移動するときに使うボードの線路のテープを床から体重計の上まで伸ばしてみたら、スムーズに体重計に乗ることかできました。

無理やりやらされるのではなく、Jくんの視点に立って、できなさの原因から支援を考えることはとても大事なのですね！

キーワード　①子どもの「すき・得意」を活用しよう！
②できなさの原因を考えた支援をしよう！

☆もう少し詳しく　≪事例の解説≫

なぜうまくいったの？

障害児保育の研修会では、子どもの行動変容を重視した方法を紹介されることが少なくありません。本事例でも、専門機関に紹介された「トイレトレーニング」の技法にこだわるあまり、一番大事にすべき「子どもの思い」がついつい置き去りにされてしまっていたようです。しかし、そのことに気づいた保育者は、Jくんの好きな新幹線をうまく活かし、トイレに行くことを楽しいことに置き換えることができました。また不安や感覚過敏の問題にも配慮することで、トイレの場面だけでなく、ほかの場面の困りごとの解決もできました。

毎日ある活動だからこそ大事に！

生理現象をがまんしてでも保育園のトイレに行くのはイヤ。子どもからしたらこんなにつらいことはありません。この子だけに配慮するのはちょっと……、と思うのではなく、この子に配慮したことはほかの子どもにもいいことにつながるのでは、と思って支援を考えてみましょう。本事例では、担任保育者は、Jくんの好きなキャラクターなどを活かした装飾をトイレにしたいと提案したところ、ほかの保育者も同調し、「Jくんの気にいるトイレコンテスト」になりました。その結果、遊びに夢中で誘ってもトイレに行きたがらないようなほかの子どもたちも、トイレに促すと容易に行くようになりました。

おもちゃの片付けなども、毎日ある活動であり、また子どもたちがイヤなことの一つです。「片付けます」「ゴミを捨てます」ではなく、おもちゃの棚を装飾したり、ゴミ箱をキャラクターの口に見立てて飾ったりすることで、子どもの「させられている感」は減少し、自発的な行動を引き出すことができます。

たかがトイレと思うなかれ！

保育園では無理でも、自宅ではトイレに入りおしっこができる、その秘密はなんでしょう？　トイレの形（洋式／和式）、便座の質感（便座カバーの有無、便座ウォーマー）、スリッパ、流し方（レバー／スイッチ）、装備（エアータオル、リモコン）などの形状の違いはどうでしょう？　また、保育園のトイレは保育室などに比べて暗いことも多いです。加えて、他児の目線などが気になる子どももいます。家庭のトイレとの違いを知り、子どもに安心感を与えられるように配慮・工夫する、そのためにも家庭との連携は重要です。

できたことを広げて増やす！

本事例では、保育園のトイレだけでなく、よく利用するコンビニのトイレも使えるようになりました。また同じ方法で、とても苦手だった定期健診もできるようになりました。

世の中のすべてのトイレに行けなければならないということはありません。Jくんがいまとこれから利用する可能性があるトイレについて、苦手なポイントをよく知っていれば、事前にリサーチすることもできます。そうしてできたことを広げて増やすことは大切です。また、その際は必ずほめてあげましょう。

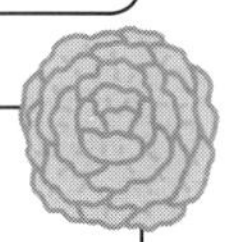

保育に使えるおもしろグッズに注目！

線路や道路のプリントのガムテープは、電車の好きなJくんに大活躍でした。

100円均一ショップには保育に使えるおもしろグッズがいっぱい。シールやハンコのような、がんばりを視覚的に示すための定番グッズだけでなく、時間を視覚化するためのキッチンタイマーや砂時計なども容易に手に入ります。ぜひ普段から着目し、いろいろ活用してみましょう。

本事例から学ぶ保育者ができるABIのコツ

日々のルーチン活動をていねいに支援しよう!

日々のルーチン活動をていねいに支援しよう!

理論編2章 p.18-19

トイレでおしっこをする、大人からみればこんなあたりまえに思うことがうまくできずに、子どもも先生も苦慮していることはあります。毎日保育園で生活する以上、そこのトイレを使うことは避けて通れません。だからこそ、この日々のルーチン活動をていねいに支援することは大事です。

日々の保育活動は、

①毎日、決まった生活リズムで規則正しく活動が繰り返される(同じ時間に、同じ場所で、同じ活動が繰り返される。場所と活動が対応し、保育の流れがある)。

②活動や手順の手がかりが明確である。

③大勢の子どもたちと一緒に活動をする。

④同じ手順で、一定のルールにしたがって活動することが求められる。

といった基本的特質を有しており、保育者は保育活動のなかで子どもの発達を促したり、社会的スキルを習得したりする機会をうまく捉え、もしくは意図的に埋め込み支援していくことが重要となります。

保育の生活のなかのルーチン活動は、登園・降園の準備、給食・おやつ、お集まり、当番活動、掃除などがあります。今一度、子どもの視点からルーチン活動の意味を見返してみることをおすすめします。

コラム　ー感覚過敏ー

Jくんのような感覚の過敏性に基づく保育生活の困難さは、自閉症スペクトラム障害の診断のある子どもには多く見られます。以下は、保育園にいる子どもで困難を示すことの比較的多い感覚過敏の例です。このほかにも嗅覚や視覚の過敏性もあります。

・トイレの水を流す音、エアータオルの音、掃除機の音、赤ちゃんの泣き声などが苦手(聴覚の過敏)

・水が一滴でもつくとパニックになる、砂の感触を嫌がる、スプーンやトイレのレバーなど金属が苦手、靴やくつ下などの締め付けられる感触が苦手(触覚の過敏)

・特定の食べ物しか食べられない、同じ食べ物でもメーカーが違うと食べられない、まざったものは苦手(味覚の過敏)

また過敏とは反対に、痛さを感じにくい、満腹の状態がわからず嘔吐してしまうといったような感覚鈍磨の状態もあります。

コミュニケーションに苦手さがあり、さらに感覚の問題が重なると、子どもの困りごとは支援者からわかりづらく、子どもの思いとずれた支援になってしまうこともあるので要注意ですね。

事例 11　いつまでたっても片付けができない子

【幼稚園　年長・男児】

保育のなかで困っていること

Kくんは、片付けの時間になってもなかなか片付けることができません。はじめは、先生が優しく「片付けしようか?」と声をかけても、自分で出した積み木で遊び続けます。「みんな片付けているよ」と言っても、マイペースで遊び続けます。それどころか、新しくミニカーを出してきました。どうやって片付けさせればよいのかわかりません。

これまでの保育者の対応や周りの子どもの反応

Kくんは言葉の獲得も遅かったため、声かけだけでは遊びから片付けの切り替えが難しい様子でした。そこで、声かけだけではなくタイマーを使って片付けの合図をしていました。ほかの子どもたちはタイマーが鳴ったら「時間になった!」と言って片付け始めますが、Kくんだけはそのまま遊び続けます。

このままの支援が続いていたら……

Kくんに興味をもってほしいので、合図を示すタイマーを押す係をお願いしましたが、押すだけで片付けをする行動までは移せません。
タイマーの合図でも、先生の声かけでも片付けになかなか移せないKくんに対して、とうとう「早く片付けなさい!」と言ってしまいました。

日常に根ざした指導による解決のポイント:「全部いっぺんに片付けなくてもいいよね!」

そのために、

◉Kくんの目標を「全部片付けができる」ではなく、「合図が鳴ったら片付けることがわかる」「片付けるものを選ぶことができる」「自分から片付けができる」というスモールステップで設定しよう!

◉せっかく使っているタイマーを活かして、片付けの合図+声かけを継続しよう!

◉Kくんが目標としている行動ができたときには、そのタイミングですぐにほめよう!

具体的な支援計画

①Kくんが、片付けの合図として「タイマーが鳴ったら片付けることがわかる」ようにする。
②自分から片付けができるようにするために、出しているおもちゃすべてではなく、まずは片付けるものを選んで、一つずつ片付けられるように声かけする。
③Kくんが標的行動をできたときには、タイミングよくすぐにほめる。

予測される変化は?

・片付けをする合図がわかり、Kくんがルーチン化された活動として片付けを理解できる。
・先生がKくんの短期目標を意識することで、ペースを崩させないように落ち着いて対応することができる。
・片付けの目標をクリアしてほめられる喜びを感じることで、次も片付けてみようという意欲がもてる。

支援のねらい

「合図が鳴ったら片付けることがわかり、片付けるものを選んで、自分から片付けができたという達成感を得られるようにしよう！」

ステップ１〈片付ける時間になったことを伝える〉

【ある日の様子】
いつものように遊んでいたものを片付ける時間になりました。タイマーが「ピピピ…」と鳴ると、子どもたちは自分が遊んでいたものを片付けだしました。それをＫくんも横目で見ています。でも、なかなか片付けてはくれません。

まずは、片付けの時間があることをわかってもらわなければいけないな。そうしたら、自分から片付けてくれるかな？

ステップ２〈片付けたいものを選ばせる〉

【ある日の様子】
Ｋくんは車のおもちゃとブロックを出して遊んでいました。いつものようにタイマーが鳴ったときに、先生が「Ｋくん、１つだけ選んで、１つはもう少し遊ぼうか」と声をかけました。すると、Ｋくんは自分でブロックを片付けることを選べました。

「１つ片付けよう」ではなくて、「１つだけ選んで、もう少し遊んでいい」という声かけに変えてみよう。違う言葉だけれど、「１つだけ片付けた」というＫくんの行動は結局同じなのね。

ステップ３〈自分の意思で片付けができたと感じさせる〉

【ある日の様子】
１つずつ片付けるようになったので、Ｋくんに「今日は何個片付ける?」と先生が声をかけました。すると、片付けのおもちゃの数は１個、２個……と増えていきました。
それからさらに1ヵ月後、いつものようにＫくんに何個片付けるか聞くと「たくさん！」と言って全部片付け始めました。すぐに先生が「Ｋくん偉かったね！」とほめると、嬉しそうな顔をして次の活動に移っていきました。
１つずつでも自分で選んで片付ける習慣が身についてくると、片付けの切り替えができるようになりました。

Ｋくんは片付けの合図がわかって、自分で片付けるものを選ぶこともできたのね！
「僕が自分で片付けできた！」という成功体験が、大事な一歩だったのね！

キーワード
①合図が鳴ったら片付けることがわかるように設定しよう！
②片付けるものを選ぶことを習慣化させよう！
③自分から片付けができたという経験を積ませよう！

☆もう少し詳しく　≪事例の解説≫

なぜうまくいったの？

担任の先生の気持ちの切り替えが大事でした。今までは「全部片付けができる」というざっくりとした目標を設定していたため、Kくんに対して片付けることを知らず知らずのうちに強制していました。しかし、「全部片付けができる」ではなく、「合図が鳴ったら片付けることがわかる」「自分で片付けたいものを選ぶことができる」「自分から片付けができる」という短期目標に変更したことで、Kくんの目標設定が具体的になりました。

家庭でも「自分で片付けたいものを選ぶことができる」ように！

Kくんはまず片付けをすることがわかるような目標を設定しました。家庭では、集団のリズムに合わせて行動するわけではないので、タイマーを合図として片付けの時間を知らせることはしていませんでした。しかし、先生が保護者に園での取り組みを伝えたことで、家庭でも合図をして片付けることがわかるように工夫してもらいました。その後、片付けの合図が習慣化したので家庭でも「自分で片付けたいものを選ぶ」ように介入してもらいました。さらに、これは片付けだけでなく、さまざまな場面で自分で選ぶという習慣をもつように、保護者と一緒に工夫していくことになりました。

できたことを広げよう・深めよう！

1つずつ片付けることができるようになったら、そこから今度はみんなと同じタイミングで片付けられるようになってきます。できたという達成感があるからこそ、周囲の友だちの様子を見て行動しようとしていきます。これからは片付けだけでなく、ほかの活動も友だちの動きや発言に注目して、コミュニケーションの幅も広がってくるでしょう。

小学校と幼稚園との連携を！

Kくんの様子に合わせた支援ができたことで、集団での活動にも参加することができるようになりました。それは、毎日保育の様子を継続して見ていきながら、彼の気持ちに寄り添ってきた成果です。今度はそれを小学校に就学する際に引き継ぎをすることが、スムーズな連携へとつながります。今までの保育の蓄積を小学校教育以降へつなげることができるように、就学支援シート等を使って連携していくことが求められます。

友だちからの声かけにも注目！

Kくんが自分の意思で片付けをするようになった変化は、周囲の友だちも気づくはずです。大人から認められる経験も大事ですが、友だちが認めてくれるとさらに自尊心は高まってきます。周囲の友だちが「Kくん、お片付け自分からしているね！」と言ってくれるような機会を作ってみましょう。

本事例から学ぶ保育者ができるABIのコツ

①適切な短期目標の設定をしよう!
②「ルーチン活動」を意識しよう!

①適切な短期目標の設定をしよう!

理論編3章 p.26-27

担任の先生は、はじめKくんの目標として「みんなと一緒に片付けができる」を設定していました。これは、集団活動に合わせた目標設定ではありますが、Kくんの現時点でのスキルに合わせた目標設定ではなかったようです。そのため、Kくんの今の様子から判断して、具体的で適切な短期目標を設定し続けることが必要です。

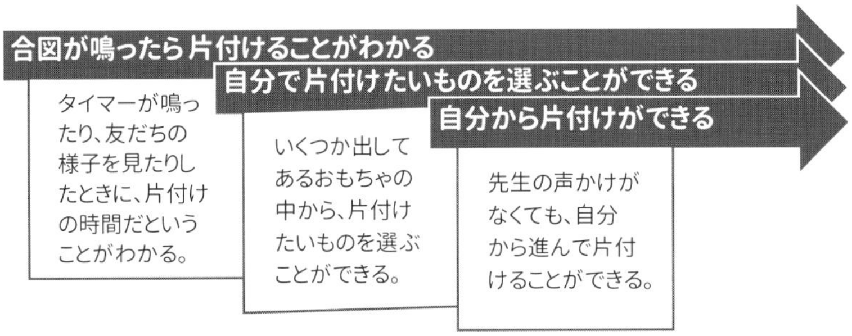

合図が鳴ったら片付けることがわかる

タイマーが鳴ったり、友だちの様子を見たりしたときに、片付けの時間だということがわかる。

自分で片付けたいものを選ぶことができる

いくつか出してあるおもちゃの中から、片付けたいものを選ぶことができる。

自分から片付けができる

先生の声かけがなくても、自分から進んで片付けることができる。

これにより、どのように介入していけばよいのか、より明確になりました。

②「ルーチン活動」を意識しよう!

理論編2章 p.18-19

Kくんに片付けをすることを理解してもらうために、まず片付けをする合図がわかるようにしました。合図が鳴ったら、片付けだと気づくことで、片付けがKくんにとってのルーチン活動としてのきっかけになります。それから、遊んでいたおもちゃのなかから自分で片付けたいものを選ぶことも片付けのルーチン活動に入れ込みます。そのうち、Kくんは自分で片付けたいものを一つだけでなく、いくつも選ぶことができるようになりました。
活動をルーチン化していくことで、Kくんにとっては、わかりやすい活動として片付けを意識していけるようになりました。

コラム　ー就学支援シートー

小学校へ就学する際に、幼稚園・保育所・認定こども園が保育のなかで行ってきた支援を詳しく伝えたいという思いが生じます。このようななかで多くの自治体では、小学校へ情報提供するために「就学支援シート」(文部科学省, 2012)を作成することを推進しています。可能な限り一貫した支援で取り組むために、本人や保護者の了解を得たうえで、情報の取り扱いに留意して活用していくことが必要になります。
そして、各学校では受け取った就学支援シートの内容を、就学後の学校生活や学習内容を検討する際に活用しています。

事例 12　絵本の読み聞かせで反応が少ない子

【幼稚園　年少・女児】

保育のなかで困っていること

私のクラスのみんなは絵本が大好きなのに、Lさんだけははじっこの方でポツンと座ったままほとんど動きません。面白くないのかなと思って、わざわざ好きなキャラクターの絵本に変えたりして様子を見ているのですが、ほとんど変化はありません。クラスから出ていくようなことにはならないのですが、なおさらLさんがあの時間をがまんしているのではないかと不安に感じています。

これまでの保育者の対応や周りの子どもの反応

Lさんがちゃんと絵本を見てくれるように、「ほら、見て見て」となるべく多く声かけをするよう心がけていました。でも、まったく見てくれません。Lさんに時間をかけると、ほかの子どもたちから「先生、読んで〜」「続きは〜」とせがまれることも多くあります。

このままの支援が続いていたら……

いくら働きかけてもLさんから反応が返ってこないこの状況では、先生もどんどん不安になっていくでしょう。また無理に声かけを増やしていくと、先生が心配しているように、クラスから出て行ってしまう可能性もあります。

日常に根ざした指導による解決のポイント：「かすかな反応を見つけて、広げよう!」

そのために、

◉Lさんの理解の力がどのくらいあるのかを知ろう!

◉「ちらっと見る」「笑顔になる」「手が出る」など小さな行動に注目しよう!

◉具体的な視点から小さな変化を見逃さないようにしよう!

◉集団での読み聞かせの場面と個別での場面をうまく組み合わせよう!

具体的な支援計画

①「見ない」「ちらっと見る」「じっと見る」「笑顔になる」「手や口が出る」など、絵本ごとに行動に違いがないかを確認する。

②大人との1対1の読み聞かせ場面で、Lさんのかすかな行動に対して、確実にタイミングよく応じる。

③個別的な状況で読んだ絵本を、集団場面でも使ってみる。

予測される変化は？

・Lさんにとって反応しやすいタイミングで先生が少し時間をとって待ってくれたり、促してくれるので、自発的な行動が出やすくなる。

・絵本の読み聞かせの時間は、ただそこにいるだけであったが、自分なりの表現の仕方でやりとりする楽しさを知ることができる。

支援のねらい

「反応しやすい状況やタイミングを探し、人とかかわる楽しさを感じられる場づくりを心がけよう！」

ステップ１〈自発的な行動（何でも）が出やすい状況・タイミングを探す〉

【ある日の様子】
ほとんどの絵本で、何も考えていないかのように一点に集中してぼーっとしていたLさん。しかし、繰り返し絵本の「次は何かな〜、いくよ〜」と先生が声をかけるタイミングで、Lさんが割と多く振り向いてくれたり、閉じていた口を開くなどしていることに気づきます。

わりと、物語絵本より繰り返し絵本の方が見てるって感じよね。「次は、次は……」っていう繰り返しのところが好きなのかな。

ステップ２〈個別の読み聞かせ場面を通して、やりとりの型を固める〉

【ある日の様子】
もっとLさんを詳しく見たいと思い、個別または友だち２〜３人と読んでみました。すると繰り返しの部分で絵本と先生の顔を何度も見返してくれます。「いくよ〜……（３秒くらい待ち）、ほら〜」と声をかけると、クスッと笑ってくれることもわかりました。このやりとりが気に入ったようです。

Lさんにとって絵本は難しいのかなと思ってたけど、状況しだいだったのかも。ちょっとしたものだけど、このやりとりの型を大事にしたほうがよさそう。

ステップ３〈集団の読み聞かせ場面で、タイミングよく対応する〉

【ある日の様子】
個別に読むようにして２週間。クラスの読み聞かせでは毎回繰り返し絵本を使うわけにはいきません。でも、繰り返しの要素が入った絵本があったので試してみました。Lさんを気にしながら、「いくよ〜」と声をかけると、Lさんもそれを期待して待っています。声をだしてはしゃいでいる友だちの顔も見るようになりました。ストーリーの理解は難しそうですが、大きな声で笑ってくれることも増えてきました。

笑ってくれるようになってとっても安心しました。でも一番大事なことは、Lさんがもっている力を発揮できる／発揮しやすい状況を整えてあげることだったのかも。

キーワード
①さまざまな場面・状況で情報を集め、自発的な行動が出やすいタイミングを探す！
②ちょっとしたやりとりの型を大切にする！
③注意深く見守り、大人の行動を子どもに合わせる！

☆もう少し詳しく　≪事例の解説≫

なぜうまくいったの？

当初、担任の先生はクラスの友だちと同じように「絵本の読み聞かせの場面を楽しんでほしい」と願っていました。しかし、3歳児クラスとなると物語要素の入った絵本を読む機会も多くなります。Lさんには物語のストーリーを追うための力がまだなく、ハードルが高かったのかもしれません。

注意深くLさんを観察し、「どこかにLさんのツボがないかな」と探っていた担任の先生は、「いくよ〜 →（しばらく待つ）→ でた〜」というやりとりのなかで、ちらっと見たり口元が緩むなどの変化があることを見つけました。ほんの些細な行動ですが、こうした行動を見逃さず、タイミングよくかかわってもらうことで、Lさんは絵本活動のなかに期待感や楽しさを見出だすことができたのです。

個別場面と集団場面の違いにも目を向けよう！

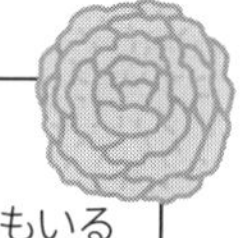

クラスの読み聞かせ場面でLさんの実態を把握し、その場で対応できればいいのですが、ほかの子どももいるなかではなかなか難しいときもあります。そうしたときには、個別的な場面での情報を集めてみることも考えましょう。集団場面でのかかわり方のヒントが意外に隠されているかもしれません。

やりとりの型（ルーティン）を見つけ、子どもに合わせて提示しよう！

「いくよ〜→（しばらく待つ）→でた〜」という一連の言動。実は繰り返し絵本で、多くの大人と子どもがこの流れに沿ってやりとりしています。大人にとってのこの言動の意味を考えると「いくよ〜」は注意喚起、「しばらく待つ」は子どもの反応を期待しての待機行動、「でた〜」は見てほしい対象物をより強調するために発せられる言葉として理解できます。こうした順番は変わることなく子どもに提示されます。そのため、このやりとりの型をルーティンと呼ぶこともあります。

ルーティンが崩されることなく安定して子どもに示されると、「次はあれがくる！」と子どもの期待が高まることから、大人の顔や絵本をぐっと見るようになります。そうした行動にタイミングよく応答することができれば、さらに自発的な行動が出る可能性が高まります。

できたことを広げよう・深めよう！

絵本の繰り返し構造と先生の働きかけを通して、ルーティンを自らのものにしていったLさん。次の目標として考えられるのは、どんな繰り返し絵本でも安定して、自発的な行動を出し、さらに大人とのやりとりを深めることです。

このためにも「この絵本にはこんなルーティンがあって、こんなやりとりができるかも」と大人が絵本の教材研究を行い、Lさんの興味・関心に合わせて提示することが大切です。

専門機関との連携を！

担任の先生はLさんがどのくらい絵本の内容を理解することができていて、どんな絵本が適しているかよくわかっていませんでした。

そこで園の巡回相談のときに訪問してきた障害の専門家に様子を見てもらい、Lさんの理解力について助言をもらいました。活動に参加して楽しめるためには一定の知的能力が求められます。日頃どのように活動に参加しているか、どんなことに興味や関心があるかもまとめたうえで、専門家との間で探っていくことも大切です。

本事例から学ぶ保育者ができるABIのコツ

①客観的で細かな目標を設定しよう！
②子どもの行動にタイミングよく応答しよう！

①客観的で細かな目標を設定しよう！

理論編3章 p.26-27

大人が子どもの目標を設定する際、「何でもOK」というわけにはいきません。子どものニーズに基づいた目標設定が行われるよう、ABIではいくつかの基準を設けています。このうち、本事例を理解するうえでは「測定可能である」と「細かい行動のステップを想定する」の2つの基準が大事なポイントとなっていました。事例の前後でLさんの担任が想定していた目標を下記に図示します。

当初
- 積極的に関わってほしい ← 目標のハードルが高い →いつまでたっても進歩が見えないかも……
- しっかり反応してほしい ← 幅が広すぎる目標 →人によって捉え方が違うかも……

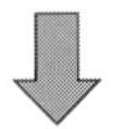

その後
- 数秒、他の大人の顔を見る
- 笑顔になる
- 手が（大人や絵本に）出る

「みんなと一緒」の保育環境では、「ほかの友だちはできているから……」とつい期待が高くなりがちです。しかし、それによって子どもが示す小さな変化を見逃してしまうかもしれません。「こうなってほしい」という期待と「今の子どもの姿」との間にどのくらいのギャップがあるかを考えましょう。

②子どもの行動にタイミングよく応答しよう！

理論編2章 p.20
理論編3章 p.28

目標設定を行う際には細かに……と述べましたが、期待する行動を子どもが出してくれたときの大人の対応にも細やかさが求められます。たとえば、この事例では絵本の読み聞かせ中、一瞬一瞬に気を配り、Lさんが何かしらのリアクションをした直後に言葉かけや動作での応答が行われました。こうすることで「私が何かすると、先生は○○してくれるんだ」ということに、子ども自身が気づきやすくなります。

事例 13　困っていることを伝えるのが苦手な子

【幼稚園　年少・女児】

保育のなかで困っていること

Mちゃんは幼稚園で、泣いたり、パニックになることが多く困っています。一度泣いたらなかなか泣き止まず、また担任は私一人なのでクラスのほかの子に手をかけてあげることができません。家庭からはそういったことはまったく聞いていませんでした。入園したての4月から始まったので、慣れればよくなるかなと思っていました。でも3ヵ月経っても毎日続いていて、収まるどころかどんどん激しくなっている気がします。

これまでの保育者の対応や周りの子どもの反応

「甘えたいのかな」と思っていた担任は、なるべく抱っこしてあげるようにしていました。周囲の子どもたちは見守ってくれていますが、男の子のなかには「Mちゃん、赤ちゃんみたい」とか「先生、早く遊び道具出してよ」……と不満の声も聞こえます。

このままの支援が続いていたら……

Mちゃんへの対応とほかの子どもたちへの対応で担任はますます板挟みになってしまう。

「どうやって事を収めればいいのだろうか」ということばかりに気がいってしまい、Mちゃんに振り回されてばかりで、対応も後手に……支援どころじゃない。

日常に根ざした指導による解決のポイント：「困った状況を学びのチャンスに変えよう！」

そのために、

◉子どもの困り感に目を向けよう！

◉「どうして泣いてしまうのか」を知るために、起きやすい時間や場面（活動）を探ろう！

◉泣かなくてすむ行動を具体的に教えよう！

◉教える3つのタイミングを忘れないようにしよう！

◉困った行動やうまくいった回数を定期的に記録して、家族とも共有しよう！

具体的な支援計画

①Mちゃんがいつ泣くことが多いのか、1週間くらい記録をとってみる。

②Mちゃんが困りやすい活動では、環境や難易度をMちゃんに合わせる。

③泣きやすい活動の前には「困ったらイヤイヤってしてね」と動きを添えて伝える。

④泣き出しそうなときには近くに寄り「どうすればよかったかな」と声をかける。ちょっとでも身振りで伝えられたら、すぐに嫌な状況を変えてあげる。

予測される変化は？

・すぐに良くなるということにはならないかもしれないが、記録をとりながら、一貫した対応を行うことで少しずつ望ましい行動が定着していく。

・気持ちを伝え、わかってもらえた経験を通して、いろいろな人との信頼関係が深まる。

・特に、「いつ起きやすいか」がわかれば、先生もべったりつく必要もなくなり、余裕をもてる。

支援のねらい
「泣きやすい場面に先回りして、泣かなくても『イヤ』を伝えられる行動（手を振る）を教えよう！」

ステップ１〈いつ泣いているかを知る〉

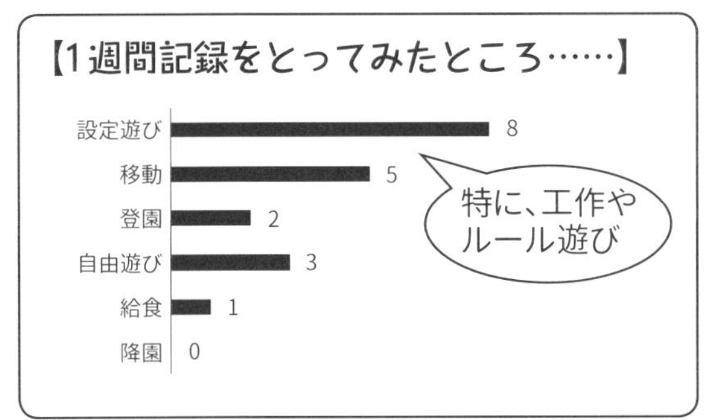

ずっと泣いているわけじゃなかったんだ……。設定遊びはMちゃんができないことが多いから？　移動はごちゃごちゃした状況が嫌いなのかな？

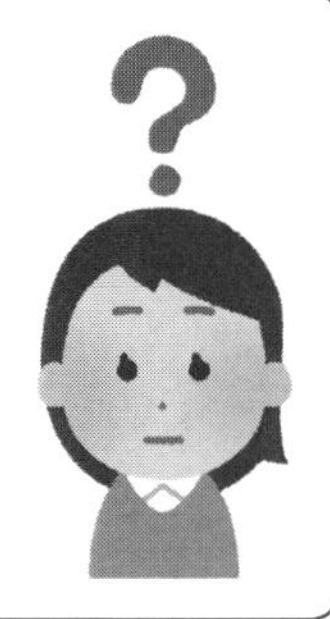

ステップ２〈Mちゃんにとって大変な状況を改善する〉

【ある日の様子】
クラスには折り紙が好きな子どもが多いので、設定遊びでもよく折り紙をしていました。でも、Mちゃんは折り紙は大嫌い。みんなが次々に折っていたところ、急に椅子をガタガタ揺らして、泣き出します。
しばらくして泣き止んでから「難しいから、先生と一緒に折ろうね」といっても、口をずっと結んだまま、つまらなそうです。

一緒に折っているように見えて、ほとんど私が折っていたかも。Mちゃんにも折れる折り紙を見本付きで出したら、興味ももてるかな？

ステップ３〈タイミングよく対応する〉

【ある日の様子】
今日はお誕生会で園児が一斉に講堂に集まります。「先月泣いていたな……」と思った先生は、「先生、向こうのお椅子にいるからイヤ～ってなったら、おいで～ってお手てで呼んでね」と声をかけます。
5分後、会が始まり遠くから見ていると泣き出しそうです。すぐに近寄って5秒ほど待ったところで、「どうするんだっけ？」と囁くと、手を横に振ってくれました。すぐに手をつなぎ、離れた場所から誕生会を見ることにしました。

教えていても、わかっても、できないこともあるよね。「今だ！」っていうタイミングを見逃さないようにしなきゃ。あと、待つタイミングも「短すぎず、長すぎず」。コツをつかまなきゃ。

キーワード
①「いつ出やすいか」を把握して、成功体験を導こう！
②わかっていても、できないこともある！（「わかる」と「できる」は違う）
③教える直前・直後のタイミングを見逃さない！

☆もう少し詳しく　≪事例の解説≫

なぜうまくいったの？

当初、担任の先生は子どもが示す行動の表れ方をベースに対応していました。つまり「泣く＝抱っこすればいい」という理解です。しかし、同じ「泣く」という表現でも、時と場合によって、その行動の意味合いは違います。Mちゃんの場合、「できなくて困っているから……」「見通しが立たないから……」「お母さんと離れてさみしいから……」「おもちゃがほしいから……」といろいろな理由で泣いていました。「いつ、どこで、なぜ泣いているのか」をつかんだ先生は、先回りをして、それぞれの場面でどうすればいいのかを具体的に教えていきました。気になる行動が出る状況に、うまく対処することで、失敗体験ではなく成功体験へ導くことができたのです。

子どもと活動との間に生じているギャップを埋めよう！

さて、困った事態に遭遇しても自分なりの方法（身振り）で意思を伝え始めたMちゃんですが、設定保育や行事をはじめ、さまざまな場面で「できない／わからない／間に合わない」ことが多くありました。つまり、先生が用意する活動とMちゃんとの間にしばしばギャップが生じていたのです。

そこで、月案や週案を考える際に「この活動でMちゃん、楽しめるかな」と具体的に考えるようにしました。たとえば、「工作ではなるべく見本を置いておく」「ルールのある遊びでは、Mちゃんにもわかる絵カードを用意しておく」「普段の遊びで遊びこめるように、少し年齢が低めな（2～3歳くらいの）遊具も教室に置いておく」などの対応をとることにしました。

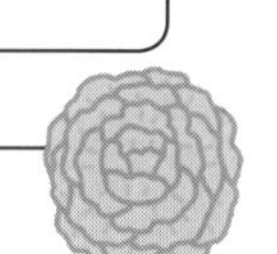

新しいスキルが定着するまでの時期にも注目！

何かスキルを教える際には、①スキル形成の時期、②維持の時期、③般化（いろいろな状況で使うことを想定する）の時期、の3つの大切な時期があると言われています。子どもやスキルによっては定着するまでに時間がかかるものもあります。「覚えたから終わり」ではない、ということです。

できたことを広げよう・深めよう！

嫌な気持ちを伝えるために「手を振る」のは、泣いたりパニックになるよりは望ましいかなと考えていた担任の先生ですが、Mちゃんのことをよく知らない大人や友だちには伝わらないこともありました。

そこで動作に「イヤ～」または「ヤ～」などの言葉を加えることを次の課題としました。今はまだ奇声に近い声も多いですが、先生と一緒にやさしい声で言う練習も始めています。

入園時の家庭との連携を！

園で苦戦していた「泣き・パニック」ですが、こうした姿は家庭でも2歳の頃から出ていました。昔から長い間続いている行動は、修正するのに時間がかかる場合があります。入園時に、こうした事柄についても保護者との間で共通理解をしておくことが重要でしょう。

その際に「出やすいタイミングと出にくいタイミングがあるかもしれない」という前提をもっておくと、よりよい情報交換ができます。

本事例から学ぶ保育者ができるABIのコツ

①インフォーマルアセスメントを通して活動ごとの参加状況を把握しよう！
②子どもと活動にギャップがある場合は工夫して埋めよう！

①インフォーマルアセスメントを通して活動ごとの参加状況を把握しよう！

理論編4章 p.35-36

「保育」は子どもの学びにとっても魅力的なカリキュラムですが、先生が用意する活動に乗り切れない子どももいます。以下は子どもの特性ごとに起きやすい「参加の問題」の例です。

手足に障害のある子ども
「届かない」
「持てない／使えない」
「入れない」
「ペースが速すぎる」

知的な遅れがある子ども
「わからない」
「できない」
「ペースが速すぎる」

感覚や認知に難しさがある子ども
「見えている／聞こえているけどわからない」
「興味がわかない」
「それどころじゃない」

Mちゃん

Mちゃんの場合、「わからない」「（全体の）ペースが速すぎる」ということが、頻繁に起きていました。気になる行動への対応や発達支援を考える以前に、それぞれの活動で子どもがどう参加しているのか、「わかっているかな」「楽しめているかな」などと子どもの目線から考えることが大切です。

②子どもと活動にギャップがある場合は工夫して埋めよう！

理論編3章 p.27-28

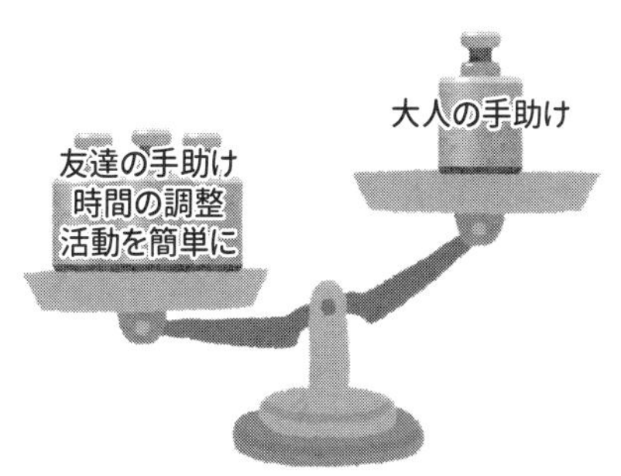

ギャップがある場合、それを保育者が活動の工夫や調整などを通して埋めてあげることができます。Mちゃんの場合、活動のレベルを簡単にしたり、活動時間の調整などがあると「できた！」「楽しかった」と思える機会も増えました。ギャップを埋める際、「大人の手助け」ばかり使ってしまうと、「自分でできた」という感覚を子どもがもちづらいことがあります。ほかの子どものことも頭に思い浮かべながら「みんな私のクラスの大切な子ども」として保育活動を作っていく姿勢が大切です。

コラム　ースキル欠如と遂行欠如ー

ある行動やスキルを身につけてほしいと願って、支援する際に注意すべき点があります。それは目の前の子どもが「スキルがないからできない（スキル欠如）」のか、あるいは「スキルはあるけどできない（遂行欠如）」のか、どちらの状態なのかということです。
Mちゃんの場合、手を横に振るというスキル自体は獲得していたため、モデル提示をし、できたらほめる、という程度で済みました。ではこのスキル自体が身についていない場合はどうでしょうか？　「行動の前（できる状況づくり）」や「行動の後（ほめる・認める）」の工夫以前に、行動の出し方そのものを知りません。そのためモデル提示だけでなく、Mちゃんの手を持って一緒に手を振るなど、具体的に教える必要があります。

事例14　負けそうになるとパニックになってしまう子

【幼稚園　年少・男児】

保育のなかで困っていること

Nくんは、負けん気が強く、「僕は～ができる」と保育者や友だちにアピールすることが多い子です。ある日、クラスの友だちでかけっこをしたときのことです。調子よくスタートしたNくんでしたが、途中で友だちに抜かされてしまうと走るのをやめて、突然大きい声で泣き出してしまいました。先生がなだめてもすぐには収まらず、しばらく機嫌が悪いままでした。

これまでの保育者の対応や周りの子どもの反応

周りの子どもたちは、Nくんの様子を見て、驚いて唖然としている様子でした。先生は、Nくんが泣くとなだめるということを繰り返していましたが、クラスの活動が中断してしまいます。そこで、Nくんが泣いたときは落ち着くまで先生の側にいるように言って、Nくんを除いたほかの子どもたちで活動を続けることにしました。また、Nくんには「負けることもあるんだから、やってみようよ」と言葉をかけていました。

このままの支援が続いていたら……

Nくんは、負けそうになったときの対応として、「泣けば先生にかまってもらえる」と思うでしょう。そして、勝てる活動にしか参加しなくなり、負けそうな活動は経験しなくなってしまいます。また、クラスの子どもたちも、これが続くと、Nくんが活動に参加しないことが当たり前のように思ってしまうかもしれません。Nくんの気持ちを受容しつつ、活動に参加できるようにしたいのですが……。

日常に根ざした指導による解決のポイント：「Nくんがどんな活動にも参加できるようにしよう！」

そのために、

◉Nくんに勝ち負け以外で夢中になれる活動を経験させよう！
◉グループに分かれて勝ち負けのある活動をやってみよう！
◉Nくんに勝ち負け以外の魅力を伝えよう！

具体的な支援計画

①勝敗のない活動（おしくらまんじゅう、わらべ歌など）をみんなで楽しむ。
②グループに分かれて、勝敗のある活動（はないちもんめ、転がしドッジ）を行い、活動中に子どもたちのよいところを具体的に伝える。
③活動が終わったあとに、みんなで振り返りの時間をもち、勝敗にかかわりなく、子どもたち同士でよかったところを伝え合う。

予測される変化は？

①勝ち負けやでき栄えを気にせず、夢中で友だちと遊ぶことができる。
②勝敗のない活動であれば、グループだと負けそうになっても最後までできる。また、先生の言葉によって、勝ち負け以外のよいところを探す。
③勝敗にかかわりなくお互いのよかったところを伝え合うことで、勝つこと以外の魅力に気づく。友だちのよいところを探す姿勢が生まれる。

支援のねらい

「勝ち負け以外の魅力を知り、みんなで活動を楽しめるようにしよう!」

ステップ1〈勝敗やでき栄えを考えなくていい活動を考えてやってみる〉

【ある日の様子】

先生が、「今日はみんなで楽しいことしたいな、この遊び知ってるかな?」と言って、おしくらまんじゅうを提案しました。みんなで部屋の中央に集まって、大きい掛け声を出してやっています。Nくんも楽しそうにみんなの輪に入って笑っています。

そういえば、Nくんはいつも活動のとき、「できた」とか「勝った」と言っていたかも。そういうことを考えなくていい活動には、どんなものがあるかな?

ステップ2〈グループに分かれて、勝敗を競う活動をやってみる〉

【ある日の様子】

勝敗やでき栄えを考えなくていい活動を続けて、みんなで楽しむ経験ができたNくん。先生は、そろそろゲーム性のある遊びをみんなでやりたいと思っていました。そこで、個人で負けが決まるものではなくて、グループで勝敗を競う転がしドッジをやることにしました。また先生は、投げ方や避け方など、勝ち負け以外のよいところを友だちに伝えていきました。

グループでも負けそうになると泣いてしまうかな。でも、今まで楽しんでこれたし、この活動で負けても友だちのいいところに気づくことができるかな?

ステップ3〈勝敗にかかわりなく、よいところを伝え合う〉

【ある日の様子】

転がしドッジは3回戦やり、Nくんのチームは2勝1敗でした。Nくんはチームが負けたときは友だちに嫌なことを言い、自分が当てられたときにはなかなか認めようとしませんでしたが、泣かずに活動に参加しました。そうして活動のあとの振り返り。友だち同士で、「Oくんのボールはやかった」「Pちゃんがうまくよけてた」と伝えていると、Nくんが、「Qくんもジャンプがうまかったで」と言いました。先生が「よく見ていたね」というと、嬉しそうにするNくんでした。

投げ出しそうなときもあったけど、みんなと一緒に楽しめたかな。結果だけじゃなくて、お友だちの良いところに目が向くようになったのがうれしいな。

キーワード　①勝敗のない遊びをやって、みんなで楽しもう!
②グループで勝敗のある遊びをやって、友だちの良いところを伝えよう!
③友だち同士で勝敗にかかわりなく、よいところを伝え合おう!

☆もう少し詳しく　≪事例の解説≫

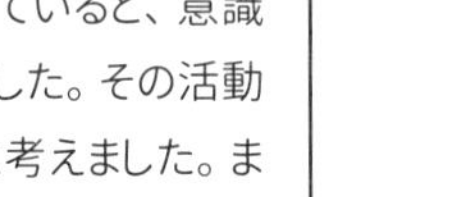

なぜうまくいったの？

まずＮくんの勝ち負けに対する固い意志を払拭しようとしました。「勝てるかどうか」ばかり考えていると、意識が自分に向きますが、その意識を忘れられるように勝敗のない活動で楽しむという経験をさせました。その活動を十分にすることで、次の勝敗のある活動であっても、みんなと一緒なら最後まで参加できると考えました。また、これには、一人で負けを背負わないというのと、友だちに目を向けるきっかけを作るというのもありました。そして、勝敗に目を向けるだけでなく、負けても友だちの良いところに気づくようにすることで、次も楽しんで参加できるようになりました。

「結果」だけでなく「過程」にも目を向ける！

幼児のなかには、「一番」「勝ち」「できる」といったことに過剰にこだわり、そうならないと許せない子どもがいます。ただ、負けん気が強いのは決して悪いことではありません。大切なのは、「一番」「勝ち」「できる」ことを喜ぶと同時に、そうならなかったとしても、みんな頑張ってよいところがあるというように、別の観点からも友だちを認めるということです。つまり、「結果」ばかりに目が向いていた意識を「過程」にも目が向くようにしたということになります。これには、子どもが経験する活動の内容や先生の言葉かけが大きく影響しますし、時間がかかることでもあります。子どもたちが友だちと楽しく遊べる機会を作りつつ、同時に子どもたちが、良いところに気づけるような意味のある応答を意識することが大切です。

できたことを広げよう・深めよう！

グループでの活動のなかで、友だちの良いところに気づき、負けそうになっても泣くことなく参加できるようになりました。次に、Ｎくんの経験として広げたいことは、かけっこのように個人で勝敗を決するような活動ではどうか、また先生がいない自由遊びのような状況のなかでも、友だちの良いところに気づき、認めることができるかどうか、になると思います。ここでも、活動の内容や一緒に遊ぶ子どもとの関係性を探りながら、どのような言葉かけをするのか判断する必要があるでしょう。

家庭と幼稚園との連携を！

「結果」にばかり目が向くのは、先生の言葉かけが大きく影響すると言いました。これは、保護者にも同様に言えることです。保護者が「できた」ことや「勝った」ことばかりを強調して、子どもをほめるような態度をとると、子どもは自ずと「結果」を気にするようになります。先生は家庭との連携のなかで、子どもが家でよくする遊びの内容や保護者の言葉かけの傾向を把握したうえで、「結果」にはかかわりなく、その子のよさが現れたようなエピソードを伝えていくことが大切になると思われます。

子どもの発達過程にも注目！

Ｎくんはまだ年少の子どもです。年中、年長になるにつれ、よりゲーム性の高い遊びが増えてきますし、周囲の子どもたちも勝ちたいという思いが芽生えてきて、いざこざのもとになることもあるでしょう。したがって、今後のことを考えても、年少のうちは、悪い結果にとらわれて自信をなくしたり、意欲を失ったりすることを防ぐことが先決だと思います。

本事例から学ぶ保育者ができるABIのコツ
①「学習環境の条件」を考えよう！
②「タイムリーで適切な結果操作・フィードバック」をしよう！

①「学習環境の条件」を考えよう！

理論編2章 p.18-19

ABIにおける4つの基本的な指導観のうちの一つに、「学習環境の条件や学習機会の特性は、発達と学習に影響を与える」というのがあります。本事例では、学習環境の条件として、「集団での活動」を選択しました。もともとNくんの課題は、「かけっこ」という活動から見出だされました。先生は「個々人のスキルで勝敗が決まる」という学習環境ではなく、「集団であれば、勝敗以外にも目が向きやすくなるのではないか」という学習環境の条件を考えました。

学習環境の条件は、その子の発達と学習に大きく影響します。その子が生活しているなかに、どのような条件の学習環境が存在しているのかを考えたうえで、その子のニーズに応じた学習環境を選択することがポイントです。

転がしドッジ（出典：文部科学省『幼児期運動指針ガイドブック』）

②「タイムリーで適切な結果操作・フィードバック」をしよう！

理論編2章 p.20
理論編3章 p.28

ABIの枠組みに、タイムリーで適切な結果操作・フィードバックをするというのがあります。この事例では、ステップ2において、先生は転がしドッジの活動中に子どもたちに向けて、勝ち負け以外のよいところを伝えるというタイムリーな結果操作をしています。また、ステップ3において、活動が終わったあとに友だち同士で良いところを伝え合うという適切な結果操作とフィードバックを行っています。Nくんの立場で考えてみると、タイムリーに先生がどこに目を向けているのかに気づいたうえで、再び活動後に適切な結果操作が行われることで、気づいたことを確認できたことがわかると思います。このように、先生のタイムリーで適切な結果操作・フィードバックがポイントになっていました。

コラム　ー「結果志向」と「学び志向」ー

子どもの意欲について、キャロル・ドゥエックは、自分の有能さを誇示しがちで、失敗を恐れ、難題に挑戦しない傾向（こちこちマインドセット：結果志向）と、結果よりも学ぶプロセスを楽しむ傾向（しなやかマインドセット：学び志向）があることを述べています。Nくんは強い結果志向であったと思われます。結果志向と学び志向は4歳くらいで分かれると言われています。では、これらの志向がどのようにして作られるのか。それは、周囲の大人の対応だと言われています。大人が結果を重視して評価的対応を繰り返すと、子どもはできないこと、失敗することを避ける結果志向になると言われています。一方、結果も大切ですが、できないことも面白いという対応でいると、子どもは学ぶ過程を楽しむ学び志向になると言われます。子どもたちが結果にとらわれずに、十分に楽しめるようにするためには、先生のかかわりが大切であると言えるでしょう。

事例15 ダンスが苦手な子

【幼稚園　年中・女児】

保育のなかで困っていること

来月は、園の行事で発表会があるため、みんなでダンスの練習をしています。しかし、しっかり者のRちゃんはなかなかダンスを覚えてくれません。いつもは何でも頑張るのに、「みんなと一緒にしよう」と言っても踊ろうとせず、立っているだけのことが多いのです。そんなある日、Rちゃんの保護者から「幼稚園に行きたくないと言って泣いています」と連絡がありました。

これまでの保育者の対応や周りの子どもの反応

先生たちのなかでは、Rちゃんはダンスをするのが嫌なのかなと思っていました。日頃からRちゃんはどちらかというとしっかりしている方なので、先生たちも「Rちゃん、できるよ!　頑張ろう!」と励まし続けていました。しかし、Rちゃんはますます参加できなくなり、保育中も元気がなくなってきました。

このままの支援が続いていたら……

Rちゃんが励ましによって反対に元気がなくなっていたことに気づかなければ、Rちゃんへ「頑張ろう!」という声かけを続けても、プレッシャーを与えるだけでした。

日常に根ざした指導による解決のポイント：「できないからやりたくないことをわかってあげよう!」

そのために、

◉Rちゃんがダンスをやりたくないと思って励まし続けていた声かけはやめよう!

◉ダンス活動自体をやりたくないのではなく、覚えるのが苦手なのかもしれないという視点をもとう!

◉どのような状況で、声かけ、見本を見せればできるのかを見極めよう!

◉Rちゃんにとって得意な動きを見つけよう!

具体的な支援計画

①どうしてダンスを覚えようとしないのか原因を探り、その理由にあった支援をする。

②Rちゃんが一番わかりやすいダンスの方法で、覚えられるようにする。

③Rちゃんが得意なことで自信をもてるような場を設定し、楽しく登園できるようにする。

予測される変化は？

・ダンスが嫌いではなく、できないということがわかって、先生はRちゃんへの練習の仕方を変えることができる。

・Rちゃんがわかりやすいダンスの覚え方がわかり、少しずつダンスを覚えることができる。

・ダンスができるようになり、自信をもって楽しく登園することができる。

支援のねらい

「Rちゃんにわかりやすいお手本の見せ方をして、得意なものを発表することで自信をつけさせよう!」

ステップ1〈どうしてダンスを覚えようとしないのか観察する〉

【ある日の様子】

Rちゃんは、みんなと一緒にするダンスの時間はまったく参加しようとしませんでしたが、年少クラスから流れてきた音楽に合わせて楽しそうに動いていました。どうやら音楽やダンスが嫌いなのではなさそうです。

Rちゃんはダンスが嫌いなわけではないのね。もしかしたら、覚えにくいのかもしれない。教え方を変えようかな?

ステップ2〈Rちゃんの目の前でダンスのモデルをする〉

【ある日の様子】

いつもは先生が全員の前に立って振り付けを教えていました。背の高いRちゃんは、後ろの方から先生を見ていました。しかしこの日は、Rちゃんに一番前に来てもらい、ダンスの練習をしました。すると、少しずつ体を動かして覚えようとしていました。次の日も先生ができるだけRちゃんの前に来てダンスのお手本を見せたことで、毎日少しずつダンスを覚えることができました。

目の前でダンスのお手本を見せればRちゃんはその振り付けを覚えようとしていた。近くでていねいに教えれば、覚えることができるのかもしれない。これからも、続けて様子を見ていこうかな。

ステップ3〈強みを生かした発表の場を作る〉

【ある日の様子】

少しずつダンスを覚えるようになったので、Rちゃんが一番得意な振り付けの箇所をみんなの前で見せてもらうことにしました。前から人前で発表するのが得意なRちゃんは、みんなの前でかっこよく決めました。すると、友だちからは大拍手! Rちゃんは満足な顔で、帰りに今日のことを保護者に伝えていました。

Rちゃんが苦手だと思っているダンスを人前で発表することで、みんなに認めてもらえたね。これが自信につながったみたいだね!

キーワード
①なぜ、いつもしっかりしている子がダンスを覚えようとしないのか観察しよう!
②Rちゃんにとってわかりやすい方法でダンスのモデルをしよう!
③みんなの前に出ることができるような機会を作ろう!

☆もう少し詳しく　≪事例の解説≫

なぜうまくいったの？

先生は、「しっかり者のＲちゃんがダンスを覚えられないはずがない」という先入観から、Ｒちゃんが本当に難しさを感じていることに気づいてあげることができていませんでした。しかし、先生たちがていねいにＲちゃんにダンスを教えてあげることで、少しずつ覚えることができ、ダンスも好きになってきました。早くＲちゃんの苦手さに気づいてあげて、得意な部分で自信を取り戻したことで、Ｒちゃんは楽しく登園できるようになり、ダンスへの苦手意識も徐々になくなってきました。

「できた」という喜びから自信へ！

Ｒちゃんはダンスができないことで、どんどん自信をなくしていましたが、先生が目の前でていねいに教えてくれたことをきっかけに振り付けを覚えることができました。さらに、Ｒちゃんが楽しい園生活を送れるようになった一つは、みんなの前でダンスを披露したことです。みんなの前で何かをしたり発表したりすることが好きで得意なＲちゃんにとっては、友だちの前で苦手なダンスを認めてもらえたことは大きな自信につながりました。

しっかり者で日頃から支援はあまり必要ないと思っている子も、もしかしたら苦手なことがあるかもしれません。さぼっていたり、ふざけていたりするのではなく、本当に困っていることを見極めて支援したことで、Ｒちゃんにとって良い結果になりました。そのためには、日頃の様子をよく見て子どもに寄り添うことが必要です。

できたことを広げよう・深めよう！

大きな動きだと覚えやすかったＲちゃんですが、少し複雑な動きになるとどうしても覚えにくいことがあります。そのようなときには、お友だち同士での教え合いも効果的です。子どもの視点で覚えたダンスを一緒に覚えていけるように、保育室内にダンスのヒントとなる絵や写真を貼ったり、音楽を流したりしてみましょう。

家庭と幼稚園との連携を！

ダンスができないことも恥ずかしいのに、その理由も聞いてもらえずに、Ｒちゃんは悲しい気持ちで幼稚園に行きたくないと言っていました。保護者には、その理由をきちんと説明しましょう。

保護者にも幼稚園での様子を伝えることで、家でもできたことはほめてもらえます。また、個別に繰り返し練習が必要なことは家庭の協力をもらうことでさらに練習することができます。園での正確な様子を伝えるようにしましょう。

ほかの場面にも注目！

ダンスで体の動かし方がわからないということは、ほかの運動場面でも苦手さが出てくるかもしれません。いつもしっかり者だからこそ、さぼっているように思われないように、Ｒちゃんが困っていることを見極めて、嫌な思いをさせないようにしましょう。

本事例から学ぶ保育者ができるABIのコツ

①継続した観察を通して評価しよう!
②その子の長所に焦点を当てよう!

①継続した観察を通して評価しよう！

理論編3章 p.29

Rちゃんはいつもはクラスの中でもしっかりしているため、理解することが苦手だとは思っていませんでした。日頃しっかりしている子が活動に取り組んでいないと、ふざけている？さぼっている？と思われがちです。しかしそうではなく、本当に困っているかもしれません。
ABIのリンクシステムでは、介入後には評価を実施します。その際、対象児にとって適切な目標設定をして支援するために、それらの行動を継続的に評価します。
Rちゃんの場合は、はじめの段階で「ダンスが嫌いだから覚えようとしない」と判断したために、その後の支援方法が適していませんでした。そのため、日頃の様子を観察していくと、「ダンスのような体を使った動きを覚えることが苦手なため、ダンスに参加しない」ということに気がつきました。そのため、「Rちゃんがダンスを覚えやすいような支援方法を工夫する」ことをした結果、Rちゃんはダンスを少しずつでも覚えていくことができました。この評価はできるだけ毎日観察を続け、さらに1週間ごとにこの支援の方法でRちゃんは覚えられているのかを先生同士で確認していました。
Rちゃんの事例のように継続して介入後の様子を観察し評価することで、現在の目標設定がその子にとって適切であったのかを確認することができます。継続した観察を通して、Rちゃんへの支援は今の状況に合っているのかを評価した結果、Rちゃんは楽しくダンスを覚え幼稚園に来ることができるようになりました。

②その子の長所に焦点を当てよう！！

理論編3章 p.25-26

その子どもの長所を生かして支援計画を立てることは、ABIの基本です。Rちゃんの場合、ダンスを覚えてきたら、今度はなくしてしまった自信を取り戻してあげて、楽しい園生活を再び送ることができるようにしてあげることが重要です。そのためにも、Rちゃんが得意とするみんなの前での発表の機会を準備しました。
先生たちが今までのRちゃんのことを理解していたことが、その後の支援につながる手がかりとなりました。

事例16　話を最後まで聞くのが苦手な子

【幼稚園　年長・男児】

保育のなかで困っていること

Sくんはいつも元気よく遊んでいて、自由遊びの時間ではほとんど困ることはありません。しかし、お集まりの時間に先生が話をするとき、話の途中で言葉を挟んでしまうことがよくあり、最後まで待つことが苦手です。Sくんの好奇心を満たしながら、最後まで話が聞けるようにしたいのですが……。

これまでの保育者の対応や周りの子どもの反応

周りの子どもたちの反応はさまざまで、「Sくん、ちょっと静かにして」と注意する子どももいれば、Sくんが話し出すと、隣の友だちと小さい声で私語をする子どもたちもいます。

このままではクラスがまとまらなくなってしまうと思い、発言したい人は、挙手をして先生に当てられたら発言するようにルールを決めました。小学校への準備も兼ねてのことです。

このままの支援が続いていたら……

Sくんは話したいことがたくさんあるので、いつも挙手をしてアピールをするでしょう。しかし、ほかにも挙手をしている子がいるので、Sくんばかり当てるわけにはいきません。その結果、「何で当ててくれないの」と不満がたまってしまうのでは……、当ててもらえないので挙手せずに話をし始めてしまうのでは……、ほかの子のSくんへの不満が大きくなってしまうのでは……。

日常に根ざした指導による解決のポイント：「先生の話に関心がもてるようにしよう！」

そのために、

- ◉子どもたちが受け身にならないようにしよう！
- ◉子どもたちに話の終わりがわかるようにしよう！
- ◉子どもたちの話を聞く時間を確保していることを伝えよう！

具体的な支援計画

①その日の話題を小さなホワイトボードに書きながら伝える。ときおり、子どもたちに文字を尋ねるなどする。

②ホワイトボードの話題を指してから、話を始める。また、その日の当番係にホワイトボードを渡し、話し終えた話題を順に消す役割をもたせる。

③集いの時間に子どもたちの話を十分聞けないときは、食事のときや午後の活動のときに話を聞くことを伝える。

予測される変化は？

①子どもたちが先生の用意している話題を知り、話を聞く心構えをもつ。また、文字に関心をもつ。

②ホワイトボードの文字を消すという役割をもつことで、先生の話に集中する。定期的に当番係が回ってくることで、話の終わりを意識する。

③集いの時間でなくても話を聞いてもらえる安心感をもつ。

支援のねらい

「先生の話に関心をもちつつ、話を聞いてもらえる安心感をもてるようにしよう！」

ステップ1〈その日の話題がわかるように示す〉

【ある日の様子】
先生が、「今日は3つのことをお話しします」と言って、「1…、2…、3…」と小さなホワイトボードに書いていく。子どもたちはペン先に注目している様子。

いつも歌を終えたあと、唐突に話を始めていたかも。子どもに話を聞いてもらうなら、先生が話すときっていうのをわかりやすく伝えないといけなかったのかな？

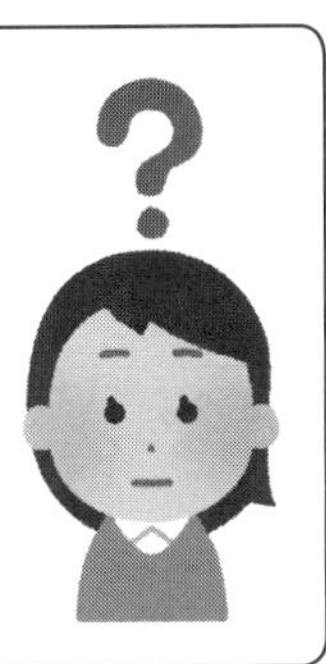

ステップ2〈当番係が話題を順番に消すようにする〉

【ある日の様子】
当番係がホワイトボードの文字を消すようにしてから4日目、Sくんの出番が回ってきました。いつもは何かと言葉を挟んでしまうSくんでしたが、この日は先生の話に静かに耳を傾けています。2つめの話題に移るとき、Sくんから「これ消してもいい?」。うなずくと嬉しそうに消してくれました。

話を最後まで聞いてくれたし、消してもらうときには仲間のような気持ちになれた。役割をもつと、今までとは違う意識が生まれるのかな？

ステップ3〈自分の話も聞いてもらえる安心感をもたせる〉

【ある日の様子】
ホワイトボードを取り入れて3週間。Sくんも先生の話を最後まで聞いてから話すという態度が身についてきました。しかし、この日は午後から消防訓練が入っていて、その後の予定を伝える時間しかありませんでした。Sくんは、はたらく車が好きなので、絶対話をしたがるだろうと予想していた先生。そこで、「消防車がどんなだったか、お弁当の時間に教えてね。約束ね」と言うと、Sくんは微笑んでくれました。

いつも自分の話ばかりしたがるのは、話を聞いてもらえない不安もあったのかな。自分の話をどこかで必ず聞いてもらえるっていう、安心感が大切なのね。

キーワード
①先生が話すときであることを内容と一緒にわかりやすく提示しよう！
②話を最後まで聞けるような役割をもたせよう！
③話を聞いてもらえる時間があるという安心感をもたせよう！

☆もう少し詳しく　≪事例の解説≫

なぜうまくいったの？

話を最後まで聞けないという状態を「がまんができないから」と考えてしまうと、がまんをさせるための方法しか浮かんできません。そうではなく、この事例では、「話を聞いてもらいたい気持ちにあふれているが、いつ先生が聞いてくれるのかわからない」というように考えました。そこで、先生が何を話したいと思っているのか、話の区切りはどこなのか、自分の話はいつ聞いてもらえるのかをわかりやすく伝えることによって、先生の話を聞く心構えと自分の話を聞いてもらえる安心感をもてるような工夫をしました。

Sくん以外の子どもたちも先生の話を聞けるように！

ここでは、Sくんが最も目立って「話を聞かない」子どもでした。しかし、それは自分の話をしたいという態度の裏返しであって、先生とかかわりをもちたいという意欲の表れでもありました。実は保育者は、Sくんよりも先生の話にどこか冷めていて「話を聞かない」数人の女の子の方が気になっていました。この事例では、子どもにホワイトボードの文字を消すという役割をもたせて、話に参加する態度を求めました。また、集い以外のときでも話を聞きたいという保育者の態度によって、この数人の女の子も、先生と会話する話題と機会を意識するようになり、先生の話に参加するようになりました。Sくんと数人の女の子は、課題の要因は異なりますが、全体に向けた工夫に個々の子どもの課題に応じた成功の糸口があったといえます。

できたことを広げよう・深めよう！

先生の話を最後まで聞くことができるようになったSくん。次の目標として考えられるのは、友だちとのコミュニケーションがあります。先生はわかりやすく話をしてくれるし、Sくんの話を理解してくれますが、友だちとの会話は難易度が上がるでしょう。この事例で経験したことは、「話す前に話題を共有すること」「話を終えるタイミングまで待つこと」でした。ここで得たスキルを別の人との関係にも汎用できるように、友だちとのかかわりをもたせてあげるといいでしょう。

家庭と幼稚園との連携を！

Sくんが幼稚園で経験したことは、家庭で保護者と会話をするときにも生かされます。本事例で参考にしたABIの指導のポイントである「子どもが生活のなかで繰り返し経験できるようにする」にはもちろん家庭も含まれています。そのため、Sくんを含めてクラスの子どもたちに対して、集いの時間で話題にした内容を「おうちの人に話をする」と伝えてもいいですし、保護者に対して、その日の話題を知らせて、子どもとの会話を促してみるのも大切です。

他児とのかかわりにも注目！

年長の子どもになると、他児と協働して遊ぶ機会が増えて、それによるトラブルも複雑になると思います。夢中で遊ぶ機会は、「友だちに伝えたい」「わかってほしい」「教えてほしい」という意欲をもつことにもなります。この事例から得た経験をSくんが遊びのなかで、どのように発揮しているのかに注目すると、Sくんの次の課題が見えるでしょう。

本事例から学ぶ保育者ができるABIのコツ

①活動をルーチン化させよう!
②「機能的な目標」を考えよう!

①活動をルーチン化させよう！

理論編2章 p.18-19

ABIでは、子どもの日常生活に見られる活動を、「子ども主導の活動」「ルーチン活動」「設定活動」の3つのタイプに分けて考えます。ルーチン活動は、日々習慣づけられた活動で子どもにとって自然であり、日々行われるため、何度も繰り返し経験することができる点が特徴です。

本事例では、Sくんがなるべく同じ状況のなかで何度も繰り返し経験することを意図して、「設定活動」であった集いにおいて、お話の時間の進め方をルーチン化しました。

1. 先生のお話
2. ????????
3. ????????
4. ????????

1. 先生の話題提示（ホワイトボード）
2. 1つ目のお話
3. 当番さんが消す（ホワイトボード）
4. 2つ目のお話

・
・

子どもに身につけてもらいたいスキルに合った環境を決めるうえで、活動の特徴を考えることによって、子どもの経験の質を変えることができます。活動のタイプをどのように生かして工夫するのか考えてみましょう。

②「機能的な目標」を考えよう！

理論編2章 p.19-20

「機能的」とは、日常生活を過ごすにあたって必要性の高い目標かどうかということです。

本事例の目標は、「先生の話に関心をもちつつ、話を聞いてもらえる安心感をもてるようにしよう!」でした。これは、「先生の話の間、静かに座っていられるようにしよう!」よりも必要性が高いです。なぜなら、後者はSくんの気持ちを配慮しておらず、先生が話すという状況で静かに座っていられるという反応を身につけるに過ぎません。一方、前者はSくんの気持ちに配慮しており、生活上のさまざまな状況で良い影響をもたらします。このように、ABIを参考に目標を立てることによって、その子の日常生活において必要なことの優先順位を考え、なってほしい姿を思い描くことができるようになります。

コラム　ー社会情動的スキルー

近年、子どもの社会情動的スキルが着目されています。社会情動的スキルは、目標を達成する力（例：忍耐力、意欲、自己制御、自己効力感）、他者と協働する力（例：社会的スキル、協調性、信頼、共感）、そして情動を制御する力（例：自尊心、自信、内在化・外在化問題行動のリスクの低さ）を含んでいます。

難しい言葉のようですが、保育・幼児教育がこれまで大切にしてきたことが概念化され、その重要性が証明されたと考えていいと思います。こういったスキルに課題を感じる子どもはたくさんいると思いますが、家庭、保育現場、地域社会で育てることを考えなければなりません。

事例17　ルールの理解ができない子

【幼稚園　年長・男児】

保育のなかで困っていること

年長クラスになり、自由遊びのときも、他児らは子ども同士でルールを考えて鬼ごっこをしたり、ごっこ遊びをしたりすることを楽しむようになりました。Tくんも一緒に遊びたい気持ちはありますが、ルールの理解ができないために他児の遊びについていけなくなり、途中で遊びから抜けてしまうことが多くなっています。そればかりか、ときには他児を叩くなどして、遊びの邪魔をしてしまうこともあります。

これまでの保育者の対応や周りの子どもの反応

保育者は、ルールを理解できるように、ルールのある遊びにTくんが参加している場合には、その都度必ず遊びの場から呼び出し、個別対応のなかでゆっくりとていねいに話をしてルールを知らせています。視覚的な手立てがあるとわかりやすいと障害児保育の研修で習ったので、ルールを絵で描いて知らせる支援も行っています。ルールが理解できているかを遊びのなかで、その都度Tくんに確認をとっています。

このままの支援が続いていたら……

Tくんは、他児らと遊ぶことの楽しさを十分経験できていないことが考えられます。また、保育者にとっては絵を描いて、ルールが理解できるか確認することがよい支援だと捉えられていますが、Tくん自身は、自分だけ特別に抽出されることに対して、恥ずかしさや居心地の悪さを感じているかもしれません。担任保育者が個別に対応をしていることで、Tくんが余計に遊びに入りづらくなっていることも考えられます。

日常に根ざした指導による解決のポイント：「Tくんの楽しい時間を増やそう!」

そのために、

◉Tくんが理解できるルールの遊びを繰り返し実践してみよう!

◉ルールがすべて理解できていなくても、他児を真似ることで楽しく遊べる集団のよさを理解しよう!

◉Tくんが「困っている」ことを伝えられるようにしよう!

具体的な支援計画

①全員が理解できて楽しめる活動になるよう、ルールの見直しを行う。

②保育者が一緒に遊ぶなかで、さりげなく端的にルールを知らせ、他児の姿を真似て、参加できるようにする。

③ルールが理解できず困ったときは、保育者に「わからない」と知らせるよう伝える。

④大勢の子どもの前で、目立つような特別なかかわりを行わず、Tくんの自尊感情を大事にし、活動への意欲を高める。

予測される変化は？

・簡単なルールで繰り返して遊ぶことで、できる遊びが増え、自信につながる。

・困っていることを保育者に告げることで、Tくん自身も落ち着くとともに、保育者もTくんのつまずきを理解できる。

・他児らと遊ぶ楽しさを十分に経験することで、ルール理解が困難な場合でも、他児を真似て遊びを継続しようとする。

支援のねらい
**「子どもたちとの遊びのなかで、
ルールを守って遊ぶと楽しいことに気づけるようにしよう!」**

ステップ１〈Tくんが楽しい経験ができるようにする〉

【ある日の様子】
Tくんには遊びのルールが理解できるようにと、毎回絵で示しゆっくりと説明をしていましたが、それでもルールがわからないためか遊びから外れてしまう姿が頻繁に見られていました。しかし、たまたま保育者がTくんにかかわれなかったとき、ルールは十分理解できていなくても、他児らとともに長時間楽しく過ごすTくんの姿がありました。

大事なのは、Tくんが他児らと一緒に楽しく遊ぶ経験をすることかも。視覚的な支援をと、絵を描いていたけれど、時間がかかりすぎたかな。

ステップ２〈遊びのルールを見直す・工夫する〉

【ある日の様子】
自由遊びでの子どもたちの様子をよく観察してみると、ルールが複雑な場合、Tくん以外にも理解できていない子どもがいることへの気づきがありました。また、Tくんの母親からは、「ルールがすべてわからなくてもいいので、幼稚園でしかできない、友だちと遊ぶという経験をたくさんさせたい」という話がありました。

今までのルールは、Tくんだけでなく、ほかの子どもにとっても難しい場合があったのかもしれないわ。
お母さんの気持ちを知ることができてよかった。保育に活かしていこう。

ステップ３〈他児と一緒に遊びのなかでルールを知り、困ったときは保育者に告げる〉

【ある日の様子】
設定保育時、担任保育者も子どもたちと一緒に遊ぶなかで、Tくんにルールを端的に伝えることにしてみました。一緒に遊ぶ機会が増えることで、仲良くなった友だちがTくんにルールを知らせる姿が見られるようになってきました。
またルールがわからないときは、「どうやるの?」など保育者に告げてくればいいことを知らせています。

Tくんは友だちと遊びたいという気持ちが強い子なので、それを活かして支援をしてみたわ。そのときによってルールが変化することがあるから、遊びの流れを止めないようにルールを伝えた方がいいわね。

キーワード　①遊びのルールは端的に伝えよう!
②ルールの理解だけにこだわらず、楽しく遊べることを大事にしよう!

☆もう少し詳しく　≪事例の解説≫

なぜうまくいったの？

保育者は当初、絵を描いてルールを知らせるなどしていました。ところが、その方法は次々に変化していく遊びのルールの理解には不向きだったと言えます。また、保育者が絵を描いて知らせるということも時間的に無理が生じていたことが予想されます。保育者が遊びのなかで、Tくんの様子に合わせてルールを端的に伝えることで、Tくんは楽しみながらルールを理解することができたのでしょう。またこの事例では、ルールの理解ということにこだわりすぎず、「子どもが楽しんで遊ぶ」ということを重視したこともTくんの遊びへの参加につながったことが挙げられます。

他児らの遊びを真似できる環境を

ルールをすべて理解したから遊びに参加するわけではありません。子どもが遊びの面白さを感じ、楽しそうに遊ぶ他児の様子に心を動かし、「自分もやってみたい」と思うことが必要です。そのようなとき、他児の存在は、子どもの意欲を引き出すことに大きな役割を担っていると言えます。ルールをすべて正しく理解していなくても、「○○くんと遊びたい」という気持ちは子どもの遊びを支えるでしょう。また、他児の遊びを真似て一緒に遊んでいるうちに、当初はよく理解をしていなかった遊びのルールを次第に理解できるようになることも期待できます。また、設定保育時だけに目標を立てるのではなく、子どもが主体的に活動しやすい自由遊び時も支援のよい機会ととらえることが大切です。自分で遊びを選択することで、子どもの興味・関心はより持続し、意欲的な姿が見られるでしょう。

できたことを広げよう・深めよう！

ルール理解ができているかどうかではなく、子どもが「何をどう理解しているのか」という点に注目する必要があるでしょう。Tくんが理解していると思われるルールを繰り返し遊ぶことで、ルール理解の定着を促していきましょう。また、Tくんが「わからない」と言えることで、子どもの理解のつまずきが、どこにあるかを具体的に知ることにつながります。

家庭と幼稚園との連携を！

子どもの遊びの様子から、どのように理解しているかを保護者に伝え、共有することは大切です。しかしただ単に「理解できている／できていない」という側面からだけで、子どもの姿を伝えるのではなく、「何をどう理解しているのか」ということを話題にする必要があるでしょう。「理解できていない」ことを保護者に伝えても、保護者はどう対応すればいいか不安や戸惑いだけを感じるかもしれません。「どんなことを理解できているのか」ということから、次への支援の手立てを保護者と共有できるといいですね。

ほかの子どもたちの成長にも注目！

Tくんと一緒に遊ぶなかで、他児も他者に言葉や身振りで伝える方法を学んでいきます。その過程のなかではけんかなどがあることも考えられますが、保育者がそれぞれの気持ちを大切に扱うことで、互いに自らの考えを言葉や身振りを使って表そうとする姿が見られるようになるでしょう。いろいろなぶつかり合いを通して、クラスみんなが成長できる機会にしていきましょう。

本事例から学ぶ保育者ができるABIのコツ

①保護者の希望を保育に取り入れよう！
②自分で遊びを選択することで、興味・関心が継続する！

①保護者の希望を保育に取り入れよう！

理論編3章 p.25-26
事例編 p.40

子どもにより質の高い保育を行うためには、園内関係者だけが相談、実践するだけでなく、保護者の希望を取り入れた目標設定を行うことが重要です。子どもは保護者の子育てに関する考えのもと、家庭で養育を受け成長しています。それぞれの家庭の背景により、保護者が子どもに求めるものも異なることは当然だと言えます。子どもの行動の目標を設定する場合、子どもの発達に対する家族の関心事やニーズ、子どもの発達に関する意見、子どもに対する家族の希望や夢などの情報を取り入れることは不可欠です。いくら園内で子どものために考えられた支援が行われていても、家族と共有されていない場合、それは十分ではないでしょう。

②自分で遊びを選択することで、興味・関心が継続する！

理論編2章 p.18-19

設定保育の時間は、保育者がある程度内容を計画できることから、あらかじめ子どもの行動も予測でき、支援方法も考えやすい時間だといえます。しかし、実際にやってみると、子どものやりたいことと内容が一致せずに遊びから離れてしまう場合も考えられます。そのような場合、子どもが自分で遊びを選択する自由遊びの時間をうまく活用しましょう。子どもがやりたい遊びをしているときは、興味・関心の持続時間も長くなり、「ルールを守って遊ぶ」機会も増えると思われます。そのなかで、保育者とともに、あるいは友だちと一緒に楽しく遊ぶ経験をたくさん蓄積することが大切です。

コラム　ー家庭との連携ー

保育所保育指針や幼稚園教育要領にも家庭との綿密な連携の重要性が明記され、保護者に対する支援は保育者の大きな職務の一つとなっています。一言で「連携する」といっても、それが形式的なものになってしまっては意味がありません。この春、保育園を卒園したA子の母親は、5年間の在籍中に一番嬉しかったこととして、言葉のないA子がほかの子どもを突き飛ばしていた時期、クラスのほかの子どもたちに謝ると「私たちがいつも『A子ちゃん可愛いね～』とほっぺを触っていたから、A子ちゃんも同じようにしたかったんだよ」という言葉が返ってきたことを挙げました。そして、A子の母親は子どもたちの姿から、保育者の保育へと思いを馳せ、「先生はわざわざ親には言わないけど、先生たちの優しいていねいなかかわりが、クラスの子どもたちにしみこんでいるのよね」と語り、A子をめぐる子どもたちの姿を介して保育者が大切にしている“何か”を感じ取っていたようでした。そこには、言葉では伝わることのない保育者と保護者の連携が行われていました。

事例 18　椅子にじっと座っていられない子
【幼稚園　年長・男児】

保育のなかで困っていること
Uくんは、椅子に座って話を聞くことが苦手です。集まりの時間には、5分間くらいは静かに座っているのですが、そのあとは椅子を揺らして大きな音をさせたり、手足をブラブラ動かしたり、隣の席の子どもにもたれかかったりしています。ほかの子どもたちが集中して話を聞けるようになったなか、Uくんの行動が目立つようになってきました。

これまでの保育者の対応や周りの子どもの反応
Uくんの手足がゴソゴソし始めると、担任保育者は療育センターの先生から教えてもらったタイムタイマーを出して「あと何分ね」と知らせるようにしています。残り時間が理解できることで、Uくんもがまんして待てるようになっていましたが、最近では保育者が出す時計を押しのけたり顔を背けたり、以前よりも落ち着かない様子も見られるようになっています。

このままの支援が続いていたら……
時計という視覚的な情報により見通しが立つようになったことは、それなりに効果があったようです。しかし、徐々にUくんはとても目立つ方法で時間を知らされることへの苦痛を感じて始めているようです。このままでは、集まりには参加できても、別のところで困難さが出現しそうです。

日常に根ざした指導による解決のポイント：「話を聞く楽しさを感じられるようにしよう！」
そのために、
◉短い時間でも座っていられたことを、ほめよう！
◉本人の好きなアイテムを利用して、落ち着ける時間にしてみよう！
◉「きちんと」ではなく、具体的な姿勢を示した言葉かけをしよう！
◉特別扱いされることを恥ずかしがる子どももいるので、さりげなく目立たないような支援をしよう！
◉保育のなかでの時間の使い方を根本的に見直そう！

具体的な支援計画
①短時間でも興味・関心をもって参加できたことを認める。
②本人の気に入った小さなシールを椅子に貼り、集まりの場所が落ち着ける場所にする。
③「手は膝、おへそを先生に向ける」というように具体的な指示を行う。
④どの時間帯、どんな話の内容なら座っていられるのかを明確にする。
⑤保育における活動時間の長さなどの検討を行う。

予測される変化は？
・落ち着ける場所で過ごすことや、ほめてもらうことで次回参加の意欲が高まる。
・「きちんと」ではなく、具体的な指示があることで行動しやすい。
・時間を短くすることで、Uくんだけでなく、ほかの子どもも集中して参加できることがある。

支援のねらい
「椅子に落ち着いて座り、集まりに参加することを楽しめるようにしよう!」

ステップ 1〈既存のものを利用して支援する〉

【ある日の様子】
集まりの時間、タイムタイマーを使用すると椅子に座ることは効果的であったものの、次第にUくんが嫌がる様子が見られました。そこで、担任保育者は、保育室にある時計を活用し、集まりの始まりと終わりの時間の文字盤にシールを貼り、目印にしました。初めは時計に注意を向けることが困難でしたが、次第に保育室の時計を使用して、見通しをもてる日も出てくるようになりました。

ほかの子どもと違うこと（タイムタイマーを使用）をするのが嫌だったのかなぁ。保育室の時計は慣れるまでに少し時間がかかったのと、常に効果的ではなかったけれど、使用に問題はなかったわ。

ステップ 2〈保育の時間を見直す〉

【ある日の様子】
担任保育者は、Uくんはもちろん、ほかの数名の子どもたちの様子から、集まりの時間が長すぎるのかもと考え始めました。これまでは30分間ほど歌をうたったり絵本の読み聞かせをしたりしていましたが、10分短縮してみることにしました。20分間にすることで、Uくんは以前より参加しやすくなり、保育者の言葉に耳を傾けるようになりました。また、ほかの子どもたちも集中して話が聞けるようになったという変化もありました。

これまでの慣習でやっていたことを見直すことで、子どもたちも楽しんで集まりの時間に参加できるようになったみたい。

ステップ3〈本人の落ち着くアイテムを利用する〉

【ある日の様子】
集まりの時間に参加できる日とできない日があることに気づいた担任保育者は、どんなときに参加しやすいのかに着目し、時間、隣席の子ども、Uくんの姿勢の3点を毎日記録しました。すると、落ち着いている日は、椅子に貼りついた小さなシールを指で触っていることがわかりました。担任保育者は、同じシールを台紙に貼ったものを用意してみると、シールの台紙をもっていると落ち着いて参加できるようになってきました。

いつも効果があるわけではないけれど、落ち着いた様子で座っていられる時間が長くなってきたわ。

キーワード
①すべての子どもに効果的な支援方法はない。その子に合ったものを探そう!
②落ち着く時間になるように、子どもの姿からヒントを探してみよう!
③ただ座っていられたらいいというのではなく、楽しんで参加することを大切にしよう!

☆もう少し詳しく　≪事例の解説≫

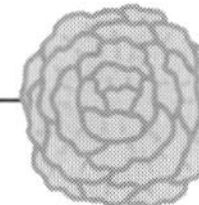
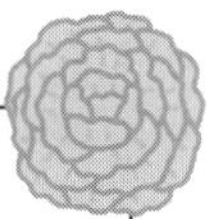

なぜうまくいったの？

この事例では、タイムタイマーを使用すると、「席に座る」という点ではよい効果が得られることが期待できました。ところが、Uくんには大勢の友だちの前で特別な機器を使用することを拒絶する気持ちもありましたね。担任保育者は、そんなUくんの気持ちに気づき、目立ちたくないというUくんの気持ちに応えようと、効果は薄いけれど、Uくんが納得する別の方法を模索しています。結果的には、保育室にもともとあったものを利用したり、Uくんが落ち着くアイテムを見つけ出したりしたことで、Uくんも少しずつ座って集まりに参加できる時間が増えているようです。指導効果ばかりに注目し、Uくんの気持ちを無視したかかわりでは、集まりの時間の着席は可能になっても別の部分で歪みを起こしていたかもしれません。子どもの気持ちを尊重した、保育者のていねいなかかわりが重要なポイントとなっています。

子どもの姿から手立てを得る

担任保育者は、Uくんの姿をていねいに具体的に記録していました。Uくんが、たまたま椅子についていたシールを触っていることで気持ちが安定していることへの気づきがあったのは、子どもの様子を具体的な視点をもって見ていたからこそ、得られたヒントです。このように、子どもへのかかわりのヒントになるものは、園や家庭の日常生活のなかにたくさん潜んでいます。

効果はすぐに現れる？

子どもの困り感に対応する際、子どもの様子がすぐに変化しない場合もあります。しかし、すぐに効果が出ないからとやめてしまうのは得策ではありません。すぐには変化が見られなくても、どこかにいつもと違う様子が出現するかもしれません。いつもと異なる姿や状況をメモとして残しておいたり、落ち着いて座っていた時間帯など客観的な側面から記録を残しておくと、かかわりの見直しの際に、役立ちます。

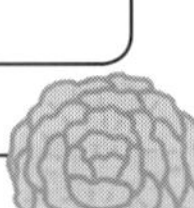

幼稚園と療育センターの連携

この事例では、担任保育者が療育センターから支援に有効であった機器（タイムタイマー）を教えてもらうなど、良好な関係が築けているようです。集団保育の場である幼稚園では、機器使用は困難であったことを療育センターに伝えることも必要でしょう。固定的な「教える／教えてもらう」という関係にならずに、ともに子どものことを相談できる相手として、それぞれの場でしか見られない子どもの姿を共有していけるといいですね。

ただ座っていればいいの？

担任の先生は、シールを触ると落ち着いて座ることができるというUくんの姿に気づきました。しかし、「座っていること＝集まりに楽しく参加している」ということでしょうか？　保育者は、子どもが「椅子にじっと座る」ことを目的にするのではなく、その時間を楽しく豊かに過ごせるように保育内容を吟味する必要があるでしょう。

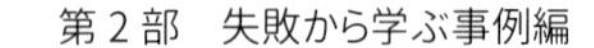

本事例から学ぶ保育者ができるABIのコツ

①客観的な記録で子どもの姿を理解しよう！
②楽しさは重要なこと！

①客観的な記録で子どもの姿を理解しよう！

理論編3章 p.29

子どもに対して支援や指導を行う場合、「何となく支援する」ということでは、良い支援とは言えないでしょう。なぜその支援をするのか、目の前の子どもになぜその支援が必要なのか、明確な目標設定をするために、またその目標が適したものであるかどうかを評価するためには、子どもの姿を具体的に知ることが大切です。

ABIでは、効果的な支援のために週間、学期ごと、年間という間隔でデータを収集することで、日常の活動やルーチン活動での子どもの姿を評価できると考えています。週間データをとることによって、子どもが目標に向かって成長しているかどうかを確認することができます。子どもの姿を「何となくできている」と理解するのではなく、どの部分はクリアしていて、どこに困難さがあるのかを明らかにするためにも客観的な記録を蓄積することは重要と言えます。

②楽しさは重要なこと！

理論編3章 p.28

私たちは、子どもへの支援を考えるとき、ついつい「〜できるように」という視点をもち出してしまうことがあります。それは保育者として、子どもに「こうなってもらいたいなぁ」という育ちへの期待感ではないでしょうか。しかし、子どもにとっては時として、それが大きな負担になっていることもあります。生活や遊びに必要なスキルが十分でない場合にも、保育のなかで子どもが楽しく参加できるような工夫が必要でしょう。

事例19 高い所に登ってしまう子
【保育園　年少・男児】

保育のなかで困っていること
Vくんは保育室内の棚にすぐ登ってしまいます。いくら注意して、下に降ろしてもまた棚の上に登ります。1度、棚から落ちて泣いてしまったのですが、それでも次の日には何もなかったように登ってしまします。落ちたら痛いということをわかってくれず、どのように注意したらいいのかわかりません。

これまでの保育者の対応や周りの子どもの反応
登ってはいけないことがわかりやすいように、棚に×印を書いた張り紙をしました。しかし、棚すべてに貼ってしまったら、部屋中に大きな「×」がたくさんです。禁止されている場所がたくさんあるようで、周囲の子も悲しくなってしまいました。また、先生によってVくんに注意するタイミングがバラバラで統一されていませんでした。

このままの支援が続いていたら……
部屋中に「×」が書いてある張り紙がたくさんあるだけで、Vくんにはこの意図は伝わっていないようです。そのため、Vくんが棚に登る行動はなくならずに、先生たちは注意し続けなければいけません。Vくんもいつも注意されてしまいます。

日常に根ざした指導による解決のポイント：「やっていいこと・ダメなことにメリハリを！」
そのために、
◉保育者間でクラス内のルールを確認しよう！
◉ルールが定着するまでの間は、多少オーバーに反応して子どもたちがわかりやすいようにしよう！
◉危険な行動を予防するために、今後もVくんがわかるような最低限のルールを決めよう！

具体的な支援計画
①保育者間でクラス内のルールを再度確認し、共通理解をする。
②Vくんがわかる最低限のルールを決めて、そのルールに合わせて保育室内の環境設定を見直す。
③ルールに沿って行動できたときには、タイミングよくほめるようにする。

予測される変化は？
・先生たちが一貫した考え方で支援をすることができるため、注意の方法に混乱がなくなる。
・登る前に予防することで、注意されるという失敗経験が減り、自己肯定感を高める。
・ルールに沿って行動したときにはしっかりほめられることで、ほめられるような行動をしたいという気持ちがもてる。

支援のねらい

「高い所には登らないというクラスのルールを徹底して、できたときはタイミングよく、子どもにわかるようにほめるようにしよう!」

ステップ1〈保育者間でルールを確認する〉

【ある日の様子】

「落ちたら痛いから登らないでね」や「危ないよ」と声をかけてもVくんは知らん顔です。そんなある日、加配の先生が低い棚に登ってしまったVくんに注意をせずに、そのまま遊び続けていました。しかし、そのすぐあとに担任が「登ったらダメ!」と注意をします。

Vくんは次第に保育中も落ち着かなくなり、今までできていたこともできなくなってきました。

保育者によって、注意の仕方やタイミングがバラバラでした。棚は登ってはいけないことを共通理解としないといけないかも。

ステップ2〈ダメな行動をする前にしっかり予防する〉

【ある日の様子】

まだVくんが登ったことのない棚に登ろうとしたときに、登る前に止めてダメなことを注意しました。すると、その後Vくんはその棚には登ろうとしませんでした。

ここには登ってはダメだというルールが理解できたのかな? 登ってしまって注意されるよりも、登る前に止めてあげた方がよいのかも。

ステップ3〈良い行動をしたときにはタイミングよくほめる〉

【ある日の様子】

外遊びから戻ってくると、まず棚に登ろうとするVくんです。しかしある日、室内に戻ってくると、棚に登らずに自分の椅子に座りに行きました。いつもはあまり大袈裟にほめていませんが、このときはいつも以上に「えらいね! 自分で椅子に座れたね!」とほめました。すると、その後は棚に登ろうとすることもなく、ニコニコしながら絵本の読み聞かせを聞いていました。

「ダメ」を減らしてほめられることが増えれば、少しずつ高いところに登ることも減ってきたみたい。いっぱいほめられることで、ほめられた行動を繰り返すようになってきた!

キーワード
①先生同士で保育におけるルールを確認し、一致させよう!
②登ってしまう前に大人が止めて、ダメな行動をしないように予防しよう!
③ルールに沿った行動ができたときには、適切なタイミングでほめよう!

☆もう少し詳しく　≪事例の解説≫

なぜうまくいったの？

Vくんは高い所に登ると危ないことをまだ理解していないため、いくら注意しても高い棚に登ってしまいました。そこで、なぜ危ないのかを理解させるのではなく、高い所に登るという行動がダメなのか、良いのかをVくんがわかるように保育者全員でルールを確認しました。すると、どの先生からもどのタイミングでも登ったときには注意されるようになり、Vくんのなかでルールがはっきりわかるようになってきました。

クラスのみんながわかっているルールを決めよう！

Vくんだけの特別ルールではなく、クラスの子ども全員がわかって、守れるルールにすることが大事です。みんなで一緒に守るルールを先生たちで共通理解することで、さらに集団活動での声かけが明確になります。その際に、「Vくん、棚に登ってはいけません」と「みんなの決まりです。棚に登ってはいけません」とでは、誰に向けられている言葉なのか違ってきます。一人だけ注意され続ければ、子どもも嫌な気持ちがいっぱいになってきます。注意の仕方でも、クラスとしてのルールだとわかるような声かけにする工夫が必要です。

できたことを広げよう・深めよう！

まずは、Vくんがわかっているクラスのルールを全体で定着させることが必要です。「なぜ登ったら危ないか」を理解するのは次のステップです。

Vくんがルールに沿った行動ができるようになったら、次は、落ちたら危ないことを理解させることで、危険な行動を予防するようにしましょう。

先生同士で連携を！

先生同士で日頃から話し合いができればよいですが、多忙な中で時間を確保することは難しいです。そこで、保育カンファレンスを実施することで、その子の様子を見て、今後の支援方法について共通理解する場を設定することができます。

しかし、このような設定された機会があれば必然的に共通理解もできますが、それも難しいこともあります。日頃から引き継ぎのノートなどで共通理解が必要なことを確認していくことも必要です。

環境設定にも注目！

Vくんが棚に登らないように予防するようにしていましたが、最初から登れないような環境設定にしていることも必要です。危険な行為の予防を考える際には、声かけだけでは限界があります。高い所に子どもたちがワクワクするようなものがあると登りたくなるかもしれないので、子どもの目線で何が見えるのか確かめることも大切です。

本事例から学ぶ保育者ができるABIのコツ

先生間で決まりについて共通理解しよう!

先生間で決まりについて共通理解しよう！

理論編3章 p.29

それぞれの子どもに対して個別の支援計画を作成する際には、家庭や専門機関との連携も必要ですが、支援する先生同士の連携も必要になります。子どもの日常生活のなかへ介入する場合に、保育所のようにシフト制だとどうしても連携し損ねることがあります。日頃からの情報交換も必要ですが、ABIでは支援する大人を導いてくれる土台として共通する書式を使い、共有することで一貫した子ども理解を促進させます。

共通理解のための資料 その1	
長期目標	……
短期目標	……
支援を見直すタイミング	……

これをチームで確認しておくことで……

支援の方向性や基準が明確になる!

共通理解のための資料 その2	
具体的な行動目標	……
どの活動で取り組む?	……
取り組む際に必要な工夫	……

これをチームで確認しておくことで……

日頃の保育で目標活動を確実に扱うことができる!

以上のような項目を使って支援計画を作成する理由は、支援をする人たちの共通理解が可能になるからです。日頃から頻繁に情報交換することが難しくとも、一貫した支援計画があることで、定期的な情報交換でも十分支援ができるように工夫できます。

事例 20 「どれがいい?」に答えてくれない子

【保育園　年少・男児】

保育のなかで困っていること

Wくんは言葉の遅れがあるのですが、専門機関から「自立に向けて選択行動は大事だから、園でも実践してほしい」と要望がありました。私も大切なことだと思い、いろいろな場面で意図的に「どれがいい」とか「どっちがいい」など聞いているのですが、ほとんど無言です。専門機関の先生に助言も求めているのですが、うまくいきません。どうすればいいのでしょうか。

これまでの保育者の対応や周りの子どもの反応

専門家から「待つことが大事です」と助言を受けたので待ってみましたが、Wくんはすぐに逃げてしまいます。再度聞いてみると、今度は「逃げる前に絵カードを見せてください」と言われたので、選択肢の書かれたボードを用意してみたのですが、見るだけでやっぱり答えてくれません。

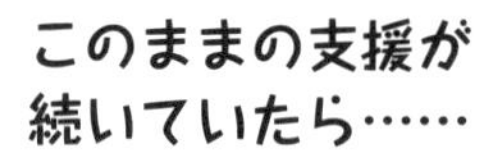

このままの支援が続いていたら……

担任の先生の働きかけは何の意味もないような状況です。このまま働きかけが続くと、担任の先生はWくんにとって邪魔な存在としか見られなくなってしまうかもしれません。うまくいかない現実と専門機関からの要望との間で、葛藤もどんどん大きくなってしまうでしょう。

日常に根ざした指導による解決のポイント：「選びたいと思える場面で実践しよう!」

そのために、

◉選ぶ「もの」を決めるために、好みのアセスメントをしよう!

◉選ぶ「場面」を決めるために、Wくんにとって必然性の高いタイミングを探ろう!

◉少ない選択肢から始めよう!

具体的な支援計画

①保育園や家庭でWくんが好んでいるおもちゃや活動を探す。

②上記のおもちゃや活動のうち、Wくんが保育園生活で「選ぶ」のに適した場面・状況を一つ設定する。

③最初のステップとして、選択肢は2つのみに絞る。一つは好んでいるもの、もう一つはさほど好んでいない、あるいはまったく好んでいないものを用いる。

④2つの絵、写真または事物のうち、一方を指さす、または呼称することを目標とする。

予測される変化は?

・Wくんにとって必然性の高い場面が活用され、またそこでの選択肢も少数に絞られているため、自発的な行動が出やすい。

・実践の場が限定されているので、Wくんも先生も見通しをもって実践に取り組むことができる。

・実践の場が限定されているので、保護者や専門家との情報交換もやりやすい。

支援のねらい

「好みの把握を行い、学習機会を整えよう!」

ステップ 1〈好みのアセスメントを行う〉

【ある日の様子】

保育園でWくんがどんなことに興味をもっているのか探っていました。恐竜の絵本、ブロック、ブランコなど少しは興味があるものも見つかりましたが、決定的なものを探しきれませんでした。そこでお母さんにも聞いてみたところ、青色の洋服が大好きで、毎日着たがっていることを教えてくれました。

青色の洋服かー。想像もしていなかったな。聞いてみてよかった!
ほかにも家庭でしか見せない姿があるのかな?

ステップ 2〈好きな物が存在する活動を探り、整える〉

【ある日の様子】

夏に入り保育園でも着替えのチャンスが増える時期になりました。幸い、クラス合同でプールを行うため人手も足りていたので、この時間を「選ぶ」機会として位置づけました。Wくんがスムーズに取り組めるよう、プールから上がったあと、新しい服をさっと取り出せるよう、登園時に担任がプールバッグから2、3枚取り出しておきました。

この目標は、冬だったらできなかったかも。子どもの指導を行うときには、場所も大事だけど、時期・季節もけっこう大事なんだね!

ステップ3〈少ない選択肢から始める〉

【ある日の様子】

実践を始めて1週間、なかなかうまくいきません。プールの時間に困っている担任の先生に、隣の先生が一言「服が多すぎるんじゃない?」「青と、あと嫌いな色の2つだけにしたら」。アドバイスを実行すると、それまで固まっていたWくんも、青色だけをじっと見て手が伸びるようになりました。そこで「こっちがいいんだよね」と言いながら、伸びた手から指さしを作るようにしました。

そんなに変わらないと思っていたけど、選択肢が減るだけでずいぶん変わるんだね。今出してくれる行動を少しずつ広げて、いろいろな人にわかりやすい行動を身につけてほしいな。

キーワード
①生活のなかから好き・嫌いを探そう!
②担任が関与できる時間帯やそこでの動き方を事前に想定しておこう!
③選択行動といってもさまざま。子どもの興味・関心を活かそう!

☆もう少し詳しく　≪事例の解説≫

なぜうまくいったの？

当初、担任の先生は療育の専門家から受けた「待つこと」と「絵カードの提示」という2つの助言を、そっくりそのまま保育園にいるWくんに適用しました。しかし、これらはいずれも、ちょっとしたコツの一つです。コツが活きるためにも、土台がしっかりしていなければいけません。ここでいう土台とは、つまり「Wくんにとっての学習環境」を意味します。

この事例では学習環境がよりWくんの実態に沿うよう、「好みの活用」「絵カードではなく事物の提示」「選択肢削り」という細かな学習環境の修正・調整が行われました。決まりきったパッケージ型の支援ではなく、オーダーメード型の支援が成功を導いたということもできるでしょう。

好き・嫌いを知ることは支援の基本！

本事例では、子どもの好みを把握することがポイントとなりました。なぜ、このことが大事なのでしょうか。一つには大人が子どもの好みを知っておくことで、学習上のやりとりがより具体的にイメージしやすくなる点が挙げられます。子どもにどのくらい強く働きかけることができるか、あるいは、どのようなときに一歩引く必要があるか。こうした判断を行う際に、子どもの好みに関する情報は豊かなイメージをもたらしてくれます。もう一つは、好みの把握が、子どもと大人間の信頼関係の構築に役立ちます。特に今回のような選択行動の形成を含むコミュニケーションの指導では、子どもと大人で1対1のかかわりが多くなります。やりとりを維持するためにもお互いの信頼関係と一定の距離感が求められます。好みの把握を通して、適度な距離感を保つことができるでしょう。

できたことを広げよう・深めよう！

今回は、とても好きなものとそうでもないものの2つを用意し、提示することで、選択行動が出やすい状況をつくりました。今後はこうした極端な設定でなくても、選択行動を出せるかという方向に指導の焦点が移っていくかもしれません。ただし、その場合も極端にハードルを上げるのではなく、少しずつ選択肢の数や内容を調整していくことが必要です。

家庭と保育園との連携を！

着替え場面で身につけることができた選択行動ですが、実は家庭でも同じ着替え場面で取り組んでいました。ただし、環境そのものが違うため、学習環境の整え方やステップなどは微妙に違っています。

どのような環境で、どんなかかわり方で介入しているのか、様子を詳しく聞いたり、ビデオ観察するなどして情報交換を行いましょう。

＋αで専門家からの助言を受け入れよう！

幼稚園や保育所の先生にとって障害にかかわる専門家は頼りになる存在です。ただし、専門家から受ける助言は、必ずしもそれぞれの幼稚園や保育所の文脈で使えるとは限りません。一方的に助言を求めるだけではなく、ぜひ各園・各クラスの実情も伝えたうえで、助言を求めるようにしましょう。

本事例から学ぶ保育者ができるABIのコツ

子どもにとっての必然性と必要性を意識しよう！

子どもにとっての必然性と必要性を意識しよう！

理論編3章 p.27-28

巡回相談を受けた際に「○○を目標にしましょう。園で意識して取り組んでみてください」と言われることがあります。その行動が本人のニーズと合致しているのであれば、もちろん取り組んでもいいでしょう。でも、ちょっと待ってください。保育のカリキュラムには目標を埋め込むことができる場面がたくさんあります。「どの場面を使えばいいか」を考える必要もありそうです。

	目指す目標：選択行動 自由遊び	目指す目標：選択行動 設定（プール）	目指す目標：選択行動 工作	目指す目標：選択行動 帰りの支度
必然性があるか	○	○	○	×
必要性があるか	×	○	○	×
先生が個別対応できるか	○	○	×	×
定期的にあるか（回数を保証できるか）	○	△（夏は○）	×	○
⋮	×	○	○	○

ABIでは、目標とする行動がその子の生活にとって必然性と必要性を持つことを求めています。

　必然性……生活を送るうえで、その行動をとることが自然で当たり前であること

　必要性……生活を送るうえで、その行動をとることが欠かせないこと

いざ活動が始まってから「ほかの子どもの対応に終わってしまった……」といった不測の事態に陥ることもあります。必然性・必要性という視点のほかにも、「先生が対応できるタイミングか」「ある程度の回数（練習機会）を保証できるか」といった視点なども含めると、より支援の実行可能性が高まるでしょう。

事例21　活動の切り替えが難しい子
【保育園　年中・男児】

保育のなかで困っていること
Xくんは時間の区切りがつけにくく、遊びをやめることが難しいです。そのため、朝の自由遊び後の集まりの時間もまだ遊びを続けており、他児が保育室に入ってからも、私（担任保育者）はXくんが遊びに満足するまで付き合うようにしています。もちろん、絵カードも使っています。今後は運動会や生活発表会も控えているため、Xくんにはパニックにならずに活動の切り替えができるようになってほしいのですが……。

これまでの保育者の対応や周りの子どもの反応
運動会の練習では、慣れない状況でもあり、担任保育者がXくんのそばを離れると、Xくんはパニックになり、泣きだします。練習も中断し、ほかの子どもたちも遊び始めてしまいます。
巡回相談の専門家に言われたように、毎日その日の練習内容を絵カードにして見せるようにしていますが、あまり見ようともせず、ほとんど理解してくれません。

このままの支援が続いていたら……
担任保育者がいつもXくんのそばにいないと、不安でパニックになってしまいます。でも、担任保育者がずっと一緒にいると、クラス全体の保育ができないし、Xくん自身のためにならないのでは……。
また、どんな活動でも絵カードのスケジュールを作らなければならないのは正直大変。

日常に根ざした指導による解決のポイント：「Xくんにとってクラスを楽しい場所にしよう！」
そのために、
- ◉保育室や環境、活動がXくんにとって好きなもの、魅力的なものにしよう！
- ◉活動に見通しをもてるようにしよう！
- ◉サポートがあってでも「できた、わかった、うれしい！」で活動が終われるようにしよう！
- ◉保育園と家庭とで、取り組みやできたことを共有し、ほめよう！

具体的な支援計画
①お集まりで座る椅子にXくんのお気に入りのアニメのキャラクターを貼るなど、Xくんにとって魅力的な保育室にする。
②Xくんが遊び始める前に次の活動の内容について絵カードを見せるだけでなく、事前にていねいに伝える。
③Xくんが少しのことでも自分でできたときには、『かっこいいね』とほめる。

予測される変化は？
・保育室の環境がXくんにとって魅力的なものになることで、保育室内で遊ぶことに抵抗がなくなり、好きな遊びに夢中になれる。
・次の活動が事前に視覚的にわかりやすく提示されることで、見通しをもって生活できる。
・ほかの保育者だけでなく、保護者からも良いところを認められ、ほめられ、またがんばろうという意欲をもてる。

支援のねらい

「次の活動に見通しをもつことができるよう、絵カードを併用しつつ、Xくんが遊び始める前に次の活動の内容をていねいに伝えよう!」

ステップ1〈見通しがもてる言葉かけをする〉

【ある日の様子】

これまでは、外遊びの片付けの時間になったら先生が突然絵カードとともに「片付けます」と促すと、「うわー!」「入りたくない」「ダメダメ!」などと言い、パニックになります。したがって、Xくんが遊び始める前に「次は給食だよ」「給食のあとはY組で遊ぼうね」など、次の活動や予定を事前から繰り返していねいに伝えるようにしました。

活動が変わる時間になったときに、いきなり絵カードを見せて「遊びをやめよう」「次の部屋に行くよ」と伝えるだけでなく、事前に予告をしてあげたほうがいいのかも。

ステップ2〈言葉かけのあと、離れて様子をみる〉

【ある日の様子】

Xくんはブランコが大好き。自由遊びの時間中、ブランコをしているXくんに保育者は「先生が時計を見てくるね。針が『6』になったら中に入ろうね」と予告して声をかけるようにしました。しかし、時間になっても「あともうちょっと」というばかりで、Xくんは遊びをやめてクラスに入ることができませんでした。

保育者がずっと付き添うだけでなく、「予告+指示」をしたあとは、先にもどって様子を見ていたら、Xくんはどうするかな?

ステップ3〈Xくん自身ができた!という成功体験を持たせる〉

【ある日の様子】

これまでのように、べったりとXくんの横について活動の切り替えを待つのではなく、「先に中に入っているね」「中で絵本を読もうね」と言って、その場を離れてXくんが自ら遊びから次の活動への切り替えをすることができるよう、様子を見ることにしました。すると、Xくんは「僕も一緒に行く」と言い、遊びを終わらせ、すぐにクラスに入ることができました。すかさず「すぐに入ってきて、えらかったね!」とハイタッチしてほめたら、うれしそうにニコニコしていました。

ていねいな「予告+指示」と、保育者が「モデル」になって行動を具体的に示すことで、Xくんもできた! この「できた、わかった、うれしい!」という気持ちと経験が大切なのね。

キーワード
①わかりやすくていねいな「予告+指示」をしよう!
②絵カードはあくまでていねいな保育を支えるツール。過信しないこと!
③「できた、わかった、うれしい!」を保障。そのために「ほめる」で終わる支援をしよう!

☆もう少し詳しく　≪事例の解説≫

どうしてうまくいかなかったの？　なぜうまくいったの？

この事例のXくんは、活動の切り替えが苦手で、遊びがやめられず、保育者も付きっきりになっていました。視覚的な手がかりとしての絵カードも使ってみてはいましたが、そのときの絵カードは実は保育者がXくんに何かをさせるための手段でしかなく、Xくんが何かをしたいをかなえるツールではなかったのでしょう。絵カードはあくまで脇役、それに気づいた保育者は、ていねいな「予告＋指示」と、保育者自身が「モデル」になって適切な行動を具体的に示すと、次第にXくんもできることが増えてきました。また、すかさずほめてあげることで、「できた、わかった、うれしい！」という気持ちと経験が得られ、また次もがんばろうという自信と意欲がめばえたようです。

Xくんが遊び始める前に保育者が次の活動を示し続けることをしていくうちに、今ではXくんが自分から「次は何の時間？」や「次は何をするの？」と保育者に尋ねてくるようになり、Xくんは次の活動へ見通しをもち、気持ちを切り替えることができるようになってきました。

保育園がより魅力的な場所になるように！

さて、保育者のていねいな働きかけでクラスに入ることができるようになったXくんですが、まだ他児が保育室に戻ってくると、その場にいたXくんは「遊戯室に行きたい」と言い、保育室に居づらいような様子を見せていました。そこで、「Xくんにとって保育室が魅力的なものになったらいいのでは」というほかの保育者からの意見を受け、Xくんが安心できるような空間を作ることになりました。

まず、縦割りクラスの一角には絵本コーナーが設置されました。そこには絵本が並んだ棚のほかに机や椅子、絨毯などが置かれました。さらに、壁にXくんのお気に入りのアニメやクルマのイラストが貼られるなど、Xくんにとって好きな空間になるような工夫がなされました。

できたことを広げよう・深めよう！

以前はおやつ後のお集まりの時間には参加せず遊戯室で遊んでいたりすることも多かったのですが、この絵本コーナーができると、Xくんは絵本コーナーにいて自分の好きな絵本を見たり、ブロックで遊んだりするようになり、お集まりには参加せずとも他児と同じ部屋の空間にいることがしだいに増えていくようになりました。

ここまでくると、次の課題は、Xくんなりのお集まりの参加の仕方を見つけ出すことです。

家庭と保育園との連携を！

絵本コーナーが設置されると、Xくんは興味津々といった様子で壁に貼られたイラストを見ていました。しだいにXくんはランチルームでのごはんやおやつの時間が終わると、一番に保育室の絵本コーナーへ行き、お気に入りのクルマの本を読む姿が見られました。また、自宅からお気に入りの絵本をもってきて絵本コーナーで読むことも増えました。保育園からも好きな絵本を借りておうちで読んでいます。お母さんとは連絡帳で、日々の様子のほかに、いま興味のある絵本について情報交換しています。

他児とのかかわりにも注目！

ほかにも、Xくんが保育室内で好きな遊びに夢中になれるように、落ち着いた居場所としての段ボールの家、そしてクルマ好きなXくんに段ボールでクルマを作ってあげたところ、ボロボロになるまで遊びました。また他児も興味をもち、一緒にクルマで遊ぶかかわりがみられるようにもなりました。

本事例から学ぶ保育者ができるABIのコツ
①行動の意味を考えよう!――できないのは子どものせい?
②子どもの「強み」に着目しよう!――強みは1つ?

①行動の意味を考えよう――できないのは子どものせい?

理論編3章 p.36-37

この事例で取り上げた外遊びからの活動の切り替えの難しさに対するアプローチは、以下のように整理することができます。

〈うまくいかない状態:以前の外遊びからのさそいかけの失敗〉

直前の状態	行動	結果
・いつまで遊んでよいかわからない ・絵カードのみで指示され、急にやめなさいと言われる ・部屋に戻っても楽しいことがない	・遊び続ける ・保育者が手を引っ張るとパニックになる	・遊びをやめなくてすむ ・保育者が付きっきりで相手をしてくれる

〈ていねいなかかわりによる外遊びからのさそいかけの成功〉

直前の状態	行動	結果
・予告+指示を与える ・保育室に楽しい活動や場所を用意する	・「中で絵本を読めるから、入るよ」と具体的に声をかける ・保育者は先に入って待つ	・保育者にほめられる ・大好きな絵本が読める ・大好きな段ボールのクルマで遊べる

このように、問題となっている行動が子どもにとってどのような意味があるのかを考えましょう。 保育は、個別の療育・訓練ではないので、あくまで日々の保育の活動のなかでできる、「直前の状態」「行動」「結果」それぞれへのアプローチを考えることが大事です。

②子どもの「強み」に着目しよう――強みは1つ?

理論編3章 p.23

Xくんは言葉で言われるよりも視覚的な理解をしやすい子どもです。でも、絵カードだけで理解を促すのは不十分です。突然の事態にはパニックになりますが、予告されていると比較的スムーズに行動できます。好きなものは絵本やクルマです。また、ほかの保育者よりも担任に一番の信頼を置いていました。こうしたXくんの「強み」を活かした支援が、保育という日々の営みのなかでも重要です。

コラム ー自閉症スペクトラム障害ー

Xくんのような、突然の環境の変化にパニックになったり、逆に見通しが立てば理解しやすかったりする特性を示す子どものなかに、「自閉症スペクトラム障害」という障害の診断がつく子どもがいます。この障害のある子どもが幼児期に示す特徴には以下のようなものがあります。

・言葉やコミュニケーションに困難さがある(オウム返しをする、一方的に話す、字義通りに解釈するなど)
・数字やキャラクターなどへの過度なこだわりや、音や肌触りなどへの感覚の過敏さがある
・知的な遅れをともなうことがある

ただし保育場面では、「障害名」ではなく上記のように「子どもの困難さとその背景」に注目し、「強み」を活かして支援を考えることは、すべての子どもにおいて変わりありません。

事例22 自分勝手な遊びをしてしまう子

【保育園　年少・女児】

保育のなかで困っていること

設定保育のとき、Y子ちゃんはいつも活動から抜け出して、自分のやりたいことをして好き勝手に遊んでいます。特に、身体表現など自由度の高い遊びになると、すぐに輪を抜け出して保育室の隅や廊下などで自分の好きな図鑑を見たり、おもちゃを出して遊んだりしています。遊びに誘っても「いいの。Y子はやらないからいい」と言うばかりで、クラス全体の遊びには関心を示しません。

これまでの保育者の対応や周りの子どもの反応

入園してきたばかりなので、まだ園の生活リズムが理解できていないのかと思い、スケジュールの絵カードを作成し、視覚的に理解しやすいようにしてみましたが、Y子ちゃんはあまり見てくれず、様子にも変化がありません。そればかりか、ほかの子どもまでY子ちゃんにつられて、好き勝手に廊下に出て遊び始めてしまい、収拾がつかなくなってきています。

このままの支援が続いていたら……

Y子ちゃんの対応に追われて、保育者自身がバタバタしてしまうことが多く、落ち着かない雰囲気のなかでほかの子どもたちも好き勝手な行動が見られるようになってきました。

日常に根ざした指導による解決のポイント：「まずはY子ちゃんの気持ちが大切!」

そのために、

◉保育園での生活や遊びが楽しいものになるように、Y子ちゃんの関心のある遊びを探そう!
◉遊びの見本を示して、遊び方の具体的なイメージがもてるようにしよう!
◉「もうやめたい」という自分の気持ちを告げられるようにしよう!
◉小グループでの遊びから始め、ときには全体活動から離れることも認めよう!

具体的な支援計画

①A子ちゃんの好きな遊びを一人で、または保育者と一緒に遊ぶ。
②表現遊びなどでは、「自由に動いていいよ」ではなく、具体的な体の動きの見本を示す。
③活動から離れたくなったときは「もうやめたい」「廊下に行きたい」と申し出るようなルールを作る。

予測される変化は？

・自分の好きな遊びにじっくりと取り組むことで、次第に落ち着いて、ほかの遊びにも関心が向くようになる。
・具体的な見本があることで真似しやすく、遊びに入りやすくなる。
・自分の意思を言葉や身振りで伝えることで、ほかの場面でも同様の姿が見られるようになる。

支援のねらい
「クラス活動に楽しんで参加しよう!」

ステップ1〈集団活動に入りやすい工夫を〉

【ある日の様子】
身体表現遊びの活動では、保育者が具体的に見本を示すと、Y子ちゃんも少し遊びに参加できていました。でも、少し遊ぶとすぐに保育室を出て行って、廊下で絵本を読んでいました。

「何でもいい」ではなくて、具体的に見本を示すといいのね。一人で廊下で絵本を読んでいたけれど、ザワザワした雰囲気が苦手なのかな。

ステップ2〈子どもの好きなものを見つけてそこからかかわる〉

【ある日の様子】
Y子ちゃんの遊びの様子から、象が好きなことがわかりました。保育者は、他児らが集まる場所に象の絵を貼るなどして環境面での工夫をしてみました。まだ活動には入ろうとしませんが、廊下から少し関心を示してクラス活動を眺めているY子ちゃんの様子が見られました。Y子ちゃんの目標を「なるべく保育室から出ない」と設定しましたが、あまり変化はありません。

好きなことには関心がもてるのね! でも、絵を貼るだけでは全体での遊びに入ろうとはしないし、よそへ出ていく回数もあまり減らないし、どうしたらいいのかしら。

ステップ3〈遊びをやめたいとき、自分から言える〉

【ある日の様子】
Y子ちゃんがクラス活動の途中で遊びをやめて保育室を出てしまう状態はあまり変化がありません。しかし、以前は追いかけて活動に戻そうとしていたけれど、「保育室を出るときは、先生に知らせてね」と伝えてからは、遊びを離れるときは保育者のエプロンを引っ張って知らせてくれることもできました。そうすると、Y子ちゃんも落ち着いて過ごせているように感じます。

保育者との信頼関係ができたことで、Y子ちゃんも過ごしやすくなってきたみたい。でも結局、活動内容が苦手なのか、保育室環境が苦手なのかは、よくわからないんだけど……。

キーワード　①集団活動に入りやすい工夫をしてみよう!
②子どもの好きなことからかかわりをもとう!
③「やりたくない」といえる雰囲気作りを!

☆もう少し詳しく　≪事例の解説≫

なぜうまくいかなかったの？

この事例では、先生が子どもの好きなものを探したり、具体的な見本を示すといいことを経験したり、ザワザワした雰囲気が苦手なのかなと感じるなど、クラス活動から出て別の遊びをする子どもへの指導の手立てとなりそうな事項を、先生がたくさんキャッチできています。ところが、Ｙ子ちゃんの様子は、当初とあまり変化が見られないという状態のままでした。先生の気づきがうまく指導に活かされなかった一例だと言えます。

まず、子どもの好きなものを貼り出すだけでなく、全体の遊びに取り入れるとよかったかもしれません。クラス全体の活動にＹ子ちゃんを寄せてくるのではなく、Ｙ子ちゃんの好きなものを使ってクラス活動を行うことで、スムーズに遊びに入ってこられたかもしれません。

先生は、Ｙ子ちゃんが遊びから外れる理由を、「遊びの内容が苦手なのか」「ザワザワした雰囲気が苦手なのか」といろいろな要因を考えることができています。ところが、それをそのままにしており、Ｙ子ちゃんが遊びから外れる理由を明確にしていません。苦手なものを明らかにすることで、次の対応が考えやすくなるでしょう。

「何となく」ではなく、視点をもって記録をとろう

クラス活動の際に、Ｙ子ちゃんがどのような行動をしているか毎日ていねいに記録をとることで、Ｙ子ちゃんがどういうときに遊びから外れるのかということを明らかにすることができます。記録の方法としては、漠然と見ているのではなく、毎日同じ項目で「できた／できない」を記すだけでも、支援のヒントになることが見えてきます。その際、１～２行でもＹ子ちゃんの様子を具体的に記述しておくと、よりよい手立てが見つかるでしょう。

「先生、見ているからね」

子どもが思いつくままフラリとよそへ行くことを許すのではなく、「○○したい」と言葉や身振りで告げさせることで、必ず１度は保育者とかかわりをもつことにつながります。クラス活動の際は、全員が楽しめるようにと考えるあまり保育者は、バタバタと忙しくなりがちですが、遊びから外れるＹ子ちゃんにも「先生、見ているからね」という合図を送ることを可能にします。

家庭との連携を！

クラス活動から外れるという姿は、家庭ではあまり見ることができません。そのため、保護者はすぐにはそれが信じられなかったり、全体での活動ができにくいことに大きな不安を感じたりすることもあります。できないことだけを知らせるのではなく、Ｙ子ちゃんがどのように遊んでいるかということを伝え、今のＹ子ちゃんにとって、一人で過ごす時間も大切であることを理解してもらえるようにしていきます。

集団あそびに入らなくても……

大人は、友だちと遊ぶ楽しさを味わってもらいたいと考えますが、子どもによっては集団で遊ぶことが苦手な場合もあります。必ずしも集団で遊ぶ経験をしなければならないと考えず、一人で過ごす時間を認めていくことも必要です。ただし、本当は集団遊びに入りたいのに、保育室の椅子を引く大きな音が苦手で、廊下に出ているという理由のこともありますので、子どもがなぜ集団遊びから外れるのかという原因は、明確にしたほうがいいでしょう。

本事例から学ぶ保育者ができるABIのコツ

①いろいろな場面で自分の気持ちを表出できるようにしよう！
②明確で機能的な目標を立てよう！

①いろいろな場面で自分の気持ちを表出できるようにしよう！

理論編2章 p.19-20

大勢の人がいるにぎやかな場所で過ごすことや、新しい出来事に向かうことが不得意な子どもが、自分自身の苦手なことを、言葉や身振りを使って誰かに伝えられることは、大変重要なスキルです。幼児期、特にＹ子ちゃんのような子どもの場合、自分の気持ちを表出すること自体に困難があることも考えられますが、はじめのうちは、遊びから出たくなったときは保育者の指を触る、というような保育者と子どもの間で通じるサインのようなものでもいいでしょう。苦手からただ逃げるのではなく、「ちょっと嫌だ」というサインが出せることで、子ども自身が過ごしやすい環境になることを経験できることが大切です。また、しだいにほかの場面でも自発的な表出行為ができるようになると、その子どもの生活や遊びの幅も広がっていきます。

②明確で機能的な目標を立てよう！

理論編2章 p.19-20

この事例では、Ｙ子ちゃんの目標が「なるべく保育室から出ない」と設定されていました。これは、どちらかというと保育者目線の願いになっており、Ｙ子ちゃんの気持ちに寄り添った目標とは言えません。子どもの発達に適した目標であること、目標とする行動に対して計画的で個別的な支援が提供できるかどうかなどを考え、機能的な目標を考えることが必要です。たとえば、「遊びをやめたくなったら、保育者に合図で知らせる」というような子どもの気持ちに配慮した目標は、Ｙ子ちゃん自身の生活経験を豊かにすると考えられます。

ブリッカー先生に教わったこと

2時間半の講演を終え、手にした花束を私に渡しながら、ブリッカー先生は、「日本の皆さんは熱心に聞いてくれたわね」とおっしゃいました。講演の内容の密度の濃さにいくぶん頭をボーッとさせながら、「グッド・ジョブ！」と言ってしまった私は、それがとても不埒な発言であることに、しばらくたってから気がついたほどでした。

2013年8月、明星大学で開催された日本特殊教育学会の基調講演。開始時間30分前になっても500人も入りそうな大講義室は、前方から数列ほどしか埋まっていません。大会実施校である旧知の明星大学の星山麻木先生にお願いし、その講演の意義を説いて大きな会場を用意して頂いたのですが、100人も満たない聴衆で始まってしまっては、講演をお願いした者として大会関係者に合わせる顔がありません。ブリッカー先生をそれとなく拝見すると、こちらの焦燥感など知る由もなく、平然とミネラルウォーターをハンカチで包んでお飲みになっています。そのうち、まるで潮が満ちるように聴衆が埋まりだしました。あれよ、あれよという間に、会場の壁際には、立ち見の人まで出てきています。私の焦燥感は心配に変わりました。「せっかく会場に来られた皆さん全員に話を聞いてもらえるのだろうか……」と。あとで星山先生にうかがうと、会場に入りきれない聴衆のために別の講義室に大型スクリーンを用意されたとのこと。この学会では過去に例を見ない事態だそうです。こういうこともあって、上記の私の発言になったのでした。

2時間半の講演はあっという間でした。幼児期の障害の発見、そのための支援、地域支援体制の整備の重要性などなど。これまでに何度か耳にしたお話もあり、しかし何度聞いても首肯せざるを得ないようなご講演でした。そのなかで、一つ気になる言葉がありました。「teachable moment」。ご講演のなかでブリッカー先生がたびたび口にされました。そのまま訳せば「教える瞬間」とでもなるでしょうか。ただ、ブリッカー先生が話されたエピソードから推し量るに、教師が子どもに知識やスキルを伝達する際のたんなるタイミングのことではなさそうです。たとえば、有能な教師（と自負している人も含め）は、子どもの疑問や課題をたちどころに発見し、すぐに近寄って、即座に問題を解決させてしまう。このような教科書的な「望ましい対応」が頭をよぎりましたが、私の思考はそのまま停止してしまいました。これは本当に子どものよい学びにつながっているだろうか。つまりは、教師が設定した枠組みのなかでの解決であり学びなのではないか。そうではなくて、ブリッカー先生の意図するところは、子どもには、「学ぶべき瞬間」があり、そこを「見つけ」まさにその瞬間に「教える」ことができるのが、有能な教師なのであると言っておられるような気がしました。

先日、ある幼稚園に行きました。JRの単線が園庭の脇にまで迫り、30~40分に一度の割合で、2両連結の車両がゆっくりと通り過ぎます。電車が好きな年長児のK君は、電車が来る音を察知し、朝の会であれ、絵本の時間であれ、お弁当の時間でさえも、席を立って園舎の窓ガラスににじり寄って、顔をくっつけるようにして電車を眺めます。補助のS先生はそのたびにK君のそばによって、「K君……、今はね、絵本の時間だから、ここへ来てはダメだよ。席に戻ろうね」と優しく諭し、手を引いて席に戻そうとします。不承不承、席には着くものの、K君はまた電車が来ると、席を立つのだそうです。これが毎日なのでS先生も疲労困憊のご様子。「明日からは、K君の隣に座って電車が来そうになったら、手を握ってK君が離席するのを思いとどまらせようと思います」とS先生の決意が語られました。もちろん、S先生はK君をはじめ、他にも何人かいる課題のある子どもが集団を離れ勝手な行動をするのを静め、活動を実施しやすくするために雇われたのですから、そのような使命を感じるのは当然かもしれません。

私はこの困ったエピソードをS先生が話し始め、園長先生や他の教員も考え込んだときに、ブリッカー先生の「teachable momentはどこなの?」という声が聞こえてきたような気がしました。電車好きのK君が集団を離れ、席に戻されるという行動にかかわる「teachable moment」は、さてどこでしょうか。S先生が言うように、電車がガタガタ音を立てて近寄ってきてK君がソワソワし出したときでしょうか。先生の手を振り切って窓際まで走るそぶりを示した直前でしょうか。それとも、動いている電車を目で追いかけながら手を振っている瞬間でしょうか。

私は、K君が行ってしまった電車に後ろ髪を引かれながら、しぶしぶ集団に戻ってきて、「さて、どんな絵本なのかな……」と気持ちを向けた、まさにその瞬間こそが「teachable moment」なのだと思います。このときに「どんな電車だった、行ってしまったね。K君は戻ってきてエラいね」というS先生のことばが、K君を動機づけ、次なる行動を生み出すのではないかと考えます。そうですよね、ブリッカー先生?

残念ながらお忙しい日程をぬって訪日されたブリッカー先生に日本の保育実践を見ていく時間を設定することはできませんでした。想像でしかありませんが、「日本の保育者はいつも子どもに話しかけているけど、なんて言っているの」「子どもをよく観察しないと、teachable momentはわからないのよ」などと手厳しい意見を言われたかもしれません。

「ドクター・ブリッカーなんて、堅苦しい呼び方はやめて、ダイアナにしてちょうだい」そうおっしゃられても、何かの折節に先生の優しくもかつ厳しいお声が聞こえ、そのたびに背筋が伸びる思いをしている私にとって、「ブリッカー先生」、これしかお呼びできる方法はなさそうです。

七木田 敦

あとがき

2011年にブリッカー（Diane Bricker）先生とプリティフロンザック（Kristie Pretti-Frontczak）先生の“An Activity-Based Approach to Early Intervention（Third Edition）”、邦題『子どものニーズに応じた保育――活動に根ざした介入』（2011、二瓶社）を翻訳出版し、5年が経過しました。出版業界の大変な中、ようやく翻訳出版に漕ぎ着くことができたのは、同書の監訳者であり、幼児教育・特別支援教育の研究者として活躍されている、広島大学の七木田敦先生との出会いからでした。ブリッカー先生は、早くから介入するのは「(1) 子どもの発達の成果を最大限にする、よりよい環境はよりよい発達をもたらす。(2) 二次的な障害や問題の発生を予防する。(3) 早くから家族への支援が提供できる。(4) コスト効果が期待できる」とそのエッセンスを述べています。ABIのこれまでの研究や実践の成果からの言葉です。私たちがこれに学ばなくてよいということはありません。

ABIについての原著は、2015年に第4版が出版されています。かの国の研究者・実践者のエネルギーは見習うべきものがあります。ABIの基本的な枠組みは、保育所・幼稚園・児童発達支援センターなど保育・教育・療育場面で共通するものですが、とりわけ昨今のインクルーシブ保育に大きな示唆を与えてくれるものです。そんな中、翻訳書の出版の立役者でもある七木田先生と門下の先生方から、わが国でのABIの理論と実践についての公開の話があがりました。このたびABIの真髄を保育現場の皆様にぜひお伝えしたいという私たちの意を汲んでいただき、福村出版がその役を引き受けてくださいました。出版にあたりさまざまなご示唆とご協力を賜りました宮下基幸代表取締役社長には心からお礼申し上げます。

本文をごらんになっていただくと、保育・教育・療育の場面で大いに刺激されると思います。私たちの研究が実際の保育現場などで子どもや家族のために機能しないのなら、それは研究のための研究になってしまいます。今回執筆された先生方はそれぞれ研究者の立場で実践・臨床にも携わっておられます。保育実践に活かせるものにできあがったのではないかと自負しています。

昨今、障害に特化したプログラムや方法論の書籍は増えてきていますが、ABIでは障害の診断名や状態にかかわらず、ノンカテゴリカルなアプローチとして有用です。ぜひ先述のABIの翻訳書（今さら反省しても申し訳が立たないのですが、やや直訳に過ぎた箇所もありますがご容赦ください）も手に取っていただいて、今どの場面で子どもと家族にサービスを提供しているのかにかかわらずABIの本質が理解できると思います。

残念ながら、本書で紹介したAEPSやESQ、SEAMなどは日本版として標準化されていません。七木田先生はまだまだお若くエネルギッシュなのでリードなさると思いますが、この作業は本書の執筆を担当されている若い方々にお任せせざるをえません。実現してくださることを期待しています。AEPSやESQ、SEAMなどのような、カリキュラムベースを基本とするアセスメントや介入の方法などがパッケージになっているものは、ハウツウものとして評価されない方もおられるかもしれませんが、漠然と主観的・観念的に子どもや家族を捉え、独りよがりな保育・教育・療育は子どもにとっても家族にとっても幸福ではありません。その意味では、AEPSなどは子ども一人ひとりに応じた保育・教育・療育を展開していく礎となります。すなわち、個別化されたプログラムの策定に指針となりうるものです。

子どもは子どものなかで育つといわれます。セラピールームや1対1の訓練では、「機能的で般化可能なスキル」の獲得には限界があります。その意味でも、ABIからの学びこそは、クラスルームワイドやスクールワイド（園全体）での支援を超えて、地域社会でコミュニティワイドな中で子どもたちが発達し、成長し、生活していくことを目指す今日の方向性につながっていきます。

最後に、私が座右の銘としてきた、児童の発達の行動分析の研究者であり、学問の師でもあるSidney W. Bijou先生の言葉を残しておきたいと思います。「子どもや親が変わらないのは、子どもや親の責任ではありません。私たちの知識・技術・研究不足にこそ責任があります」という言葉です。人を対象とする生業についている者にとって、「人とは何でありどうあるべきか?」という永遠の問いに答えるためにも、不断の研究と技術の向上が求められます。

この本を手にしていただいた方々、とりわけ書き直しや上書きができない子どもの人生にかかわる方々、何より子どもと家族の支援者のお手伝いの一端を担う者としてお役に立てれば望外の喜びです。なお、本書の内容について、ご批判・ご叱責がありましたら、広島大学の七木田先生にご連絡いただけると幸いです。

2016年6月末日

本書を手にしていただいた方々へ

シオンの丘から　執筆者を代表して

山根 正夫

【編著者】
●七木田 敦（ななきだ あつし）……1章・事例4・ブリッカー先生に教わったこと
広島大学大学院教育学研究科附属幼年教育研究施設（幼児教育学）教授。広島大学大学院教育学研究科博士課程後期幼児学専攻修了。おもな著書に『「子育て先進国」ニュージーランドの保育――歴史と文化が紡ぐ家族支援と幼児教育』（福村出版、2015年、共編著）、『子どものニーズに応じた保育――活動に根ざした介入』（二瓶社、2011年、共監訳）など。

●山根 正夫（やまね まさお）……4章・あとがき
西南女学院大学保健福祉学部教授。福岡教育大学大学院教育学研究科障害児教育専攻修了。おもな著書に『子どものニーズに応じた保育――活動に根ざした介入』（二瓶社、2011年、共監訳）、『実例から学ぶ子ども福祉学』（保育出版社、2010年、共編著）など。

【執筆者】
●河口 麻希（かわぐちまき）広島大学……事例1・6・11・15・19
●佐藤 智恵（さとう ちえ）神戸親和女子大学……事例9・17・18・22
●松井 剛太（まつい ごうた）香川大学 ……まえがき（訳）・2章・事例から学ぶ前に・事例3・14・16
●真鍋 健（まなべ けん）千葉大学……3章・事例から学ぶ前に・事例5・8・12・13・20
●水内 豊和（みずうちとよかず）富山大学……事例2・7・10・21

カバー・本文イラスト／いらすとや（編集部で一部改変）

発達が気になる子どもの行動が変わる！
保育者のためのABI（活動に根ざした介入）実践事例集

2017年 1月 10日 初版第1刷発行

編著者 七木田 敦・山根 正夫
発行者 石井 昭男
発行所 福村出版株式会社
〒113-0034 東京都文京区湯島2-14-11
電話 03-5812-9702／ファクス 03-5812-9705
http://www.fukumura.co.jp
装 丁 青山 鮎
印刷・製本 シナノ印刷株式会社

ISBN978-4-571-12129-6